**Capital de Risco**

TÍTULO ORIGINAL
Capital de Risco

© Paulo Alexandre Caetano e Edições Almedina, 2013

Todos os direitos reservados

CONJUNTURA ACTUAL EDITORA, uma chancela de EDIÇÕES ALMEDINA, S.A.
Sede: Rua Fernandes Tomás, 76-80, 3000-167 Coimbra
Tel.: 239 851 904 · Fax: 239 851 901
Delegação: Avª Fontes Pereira de Melo, 31 – 3º C – 1050-117 Lisboa
www.actualeditora.pt

DESIGN DE CAPA
FBA.

IMPRESSÃO E ACABAMENTO
PENTAEDRO, LDA.
Março, 2013

DEPÓSITO LEGAL
357220/13

Toda a reprodução desta obra, por fotocópia ou outro qualquer processo, sem prévia autorização escrita do Editor, é ilícita e passível de procedimento judicial contra o infrator.

 GRUPOALMEDINA

---

BIBLIOTECA NACIONAL DE PORTUGAL – CATALOGAÇÃO NA PUBLICAÇÃO

CAETANO, Paulo Alexandre

Capital de Risco. – (Gestão)
ISBN 978-989-694-036-2

CDU 658

# Capital de Risco

Paulo Alexandre Caetano

# O Capital de Risco na Europa

Em 2013 celebrar-se-á o 30º aniversário da fundação da European Private Equity and Venture Capital Association (EVCA).

A EVCA começou por ser um veículo da Comissão Europeia de suporte do risco mas desde então muito mudou. Tivemos os anos de expansão económica durante os quais os políticos começaram a expressar as suas preocupações acerca do impacto da indústria, e depois as consequências da crise.

Atualmente estamos numa altura em que os responsáveis de Bruxelas olham para o capital privado (*private equity*) como sendo uma forma estabelecida e importante de investimento a longo prazo e para o capital de risco como sendo vital para a inovação e o crescimento.

A Associação Portuguesa de Capital de Risco (APCRI) tem sido um parceiro importante da EVCA durante a nossa evolução. No ano passado, Portugal angariou 1,3% da totalidade dos fundos angariados na Europa e 0,8% do montante total dos investimentos – o mesmo que a Dinamarca.

A nossa indústria enfrenta, neste momento, alguns desafios únicos, mas a EVCA, juntamente com associações nacionais tais como a APCRI, deve encará-los como uma oportunidade a agarrar com ambas as mãos.

A EVCA está a trabalhar no sentido de que o capital privado seja compreendido pelo que é e pelo que faz. Constrói empresas melhores e mais fortes. Encoraja a inovação e o crescimento. 85% dos investimentos do capital privado são em PMEs e as PMEs são um motor importante da recuperação económica.

Os investidores estão menos dispostos a investir capital em fundos ou simplesmente têm menos para investir. Felizmente, o capital privado e o capital de risco têm-se mostrado resistentes e, tal como no passado, a recessão proporciona verdadeiras oportunidades de investimento.

O capital privado gerou retornos estáveis ao longo dos ciclos económicos. Durante os últimos 20 anos, a taxa de retorno média do conjunto do capital privado europeu é de 9,11%. Isto é mais do dobro do retorno total das empresas do FTSE 100 e do retorno total composto do S&P 500.

Muito mais capital sem ser de risco apoiou empresas que faliram do que capital de risco e os investimentos bem-sucedidos do capital privado não dependem do cenário macroeconómico.

As empresas europeias em crescimento não conseguem aceder ao financiamento bancário como fizeram no passado. O capital privado pode proporcionar o capital necessário para impulsionar o seu crescimento e, graças ao nosso modelo de negócio de investimento a longo prazo, o capital privado estará posicionado de uma forma ideal quando a economia recuperar.

Apesar da crise, do baixo crescimento e da falta de liquidez, a Europa ainda tem muito para oferecer aos investidores. Do ponto de vista legal e regulamentar, a Europa oferece estabilidade e transparência, bem como um conjunto extremamente diverso de empresas nas quais investir.

Metade do comércio mundial de bens e serviços envolve a Europa e dois terços deste fica dentro da Europa. A Europa está a tornar-se cada vez mais inovadora e o capital privado e o capital de risco desempenham um papel importante neste processo.

Empresas como a Skype, SoundCloud e Spotify são um enorme sucesso. O agrupamento à volta de centros de inovação em cidades como Berlim, Londres e Estocolmo, está a revolucionar o sucesso das *start-ups* na Europa.

A introdução de um sistema de patentes aplicável a toda a União Europeia só encorajará maior inovação no futuro.

O problema é que o setor privado se afastou do capital de risco. A EVCA está a trabalhar num conceito que permita ultrapassar alguns dos problemas estruturais que impedem o setor privado de investir.

Os fundos de seguros e de pensões são frequentemente demasiado grandes e as sociedades de capital de risco demasiado pequenas para acederem uns aos outros. A criação de um "fundo de fundos" suportado por capital do setor público como incentivo ao investimento pode ultrapassar o fosso existente entre os fundos de seguros e de pensões e o capital de risco.

Em vez da introdução de um quadro regulamentar a nível da UE, pensamos que isto poderia resolver alguns dos problemas que o capital de risco enfrenta e ajudar a criar um mercado mais competitivo e dinâmico.

O capital privado e o capital de risco europeu aprenderam as lições da crise. A chave para um futuro bem-sucedido está em convencer os investidores de que a Europa é um ótimo local para investir. O capital privado e o capital de risco, graças aos seus modelos de negócio, podem utilizar esse investimento não apenas para gerar bons retornos, mas igualmente para promover o crescimento e a recuperação económica.

DÖRTE HÖPPNER
Secretária-Geral da EVCA

# Introdução
## Breve História do Capital de Risco

O capital de risco terá surgido na Roma Antiga, cerca de 100 anos Antes de Cristo. Na Roma de Júlio César, o rico comerciante Marco Crasso tornou-se o primeiro capitalista de risco do Império – e, possivelmente, da História. Sempre que Roma tomava um território novo, Crasso financiava os empreendedores dispostos a construir novas bases, banhos, estradas e imóveis. Mais tarde, recebia parte dos lucros desses empreendimentos como taxa de retorno.

Em 1492, o navegador Cristovão Colombo montou uma companhia de navegação com base num sistema semelhante ao de um fundo de capital de risco. Os principais investidores eram os Reis Católicos, Fernando e Isabel de Castela, e o seu empreendimento mais bem-sucedido foi a descoberta da América. Em Portugal, os primeiros antecedentes dos investimentos de capital de risco também se encontram no século XV, com o financiamento de expedições marítimas por particulares, na expectativa dos lucros decorrentes, assumindo, contudo, um grande risco de perda total do investimento.

Nos séculos XVI e XVII, foram os aristocratas ingleses que financiaram empreendimentos comerciais e as primeiras células industriais da Europa. Podia ser comparado a um negócio *hi-tech*. Era revolucionário para a época e foi a semente dos *merchant banks*, de acordo com um modelo de investimento definido pelo rei Henrique VII. A expansão da revolução industrial, por volta de 1850, foi uma fase muito parecida à da criação da Internet.

CAPITAL DE RISCO

Capitalistas de risco faziam investimentos em sistemas de produção em série e infraestruturas, navios a vapor e caminhos de ferro.

Em 1901, em pleno processo de industrialização americana, o banqueiro J.P. Morgan levou o modelo de capital de risco aos Estados Unidos, ao comprar a siderúrgica Carnegie Steel Company, dos empresários Andrew Carnegie e Henry Phipps, por 480 milhões de dólares. Outras famílias ricas, como os Rockfeller, Vanderbilt e Whitney, passaram a investir numa grande variedade de negócios.

No entanto, a primeira organização formal de *private equity* só foi constituída após a Segunda Guerra Mundial. É a American Research and Development (ARD), fundada pelo então presidente do MIT, Karl Compton, pelo professor George Doriot, da Harvard Business School e por empresários de Boston. Este pequeno grupo de *venture capitalists* realizou investimentos de alto risco em empresas emergentes, cujos negócios se baseavam em tecnologias desenvolvidas para a guerra. Doriot entrou para a História, como o 'pai' da moderna indústria de capital de risco. A ARD fez o seu investimento de maior sucesso em 1957, colocando 70 mil dólares na Digital Equipment Corporation. Anos depois, a companhia chegou a ser valorizada em 355 milhões de dólares, sendo responsável por quase metade do lucro da ARD nos seus 26 anos de existência.

Em 1958, o presidente dos Estados Unidos, Dwight Eisenhower sancionou o Small Business Act, que permitia que firmas conhecidas como Companhias de Investimento em Pequenos Negócios, tomassem dinheiro emprestado a taxas inferiores às do mercado para investir em novas empresas. Deste modo, profissionalizou a actividade de capitalista de risco e instituiu o moderno *venture capital*. Ainda hoje, os *business angels*, investidores individuais de capital de risco, fazem parte fundamental da indústria.

Em 1939, com pouco mais de 500 dólares no bolso, dois jovens estudantes de Stanford, criaram numa garagem de Palo Alto, na Califórnia, uma pequena empresa de equipamentos electrónicos. Assim nasceu a Hewlett-Packard, a 'avó' do Sillicon Valley. Mas a saga do capital de risco começa em 1968, com um investimento de 2,5 mil milhões de dólares na, então, desconhecida Intel. Mérito de um visionário de São Francisco, Arthur Rock. Nove anos antes, criou uma firma de investimentos chamada VenRock Associates, responsável pelo primeiro financiamento conhecido a uma empresa embrionária (*star up*), a Fairchild Semiconductor.

Em 1978, o Governo americano baixa a chamada "Regra do Homem prudente", que permitiu aos fundos de pensão investir em activos de

INTRODUÇÃO

maior risco, incluindo *private equity*, e reduz a quota de impostos sobe os ganhos de capital, de 49,5% para 20%. Este foi o primeiro "ano de ouro" do capital de risco, quando esta indústria captou aproximadamente 750 mil milhões de dólares. Nos anos 80, o capitalismo de risco financia a vertiginosa ascensão da indústria de alta tecnologia nos Estados Unidos. Apple Computers, Cisco System, Microsoft e Sun Microsystems, são alguns dos ícones dessa era.

O segundo "ano de ouro" do capital de risco ocorreu em 1983. Com o mercado de acções em alta histórica, registam-se mais de 100 IPO, pela primeira vez na história dos Estados Unidos. É também o ano em que foi fundada a maioria das mais conhecidas empresas de *private equity*.

A primeira grande onda de *private equity* chega ao seu ápice em 1988, com a oferta de 25 mil milhões de dólares da KKR pela RJR Nabisco. Esta transacção, porém, sustentava-se nos chamados *junk bonds* e entraria para a História como a que fez rebentar a bolha das 'compras alavancadas'. Com o colapso do mercado, a indústria de *private equity* entrou em queda livre.

Em 1994, Jerry Yang e David Filo, dois alunos de Stanford, criaram o primeiro grande directório de buscas para navegação, o Yahoo, que se transformaria no maior portal da Internet. Para tirar a empresa da garagem, contavam com um modesto investimento de 1 milhão de dólares de capital de risco. O rápido retorno do investimento levou ao renascimento do capital de risco, agora mais voltado para a alta tecnologia.

# Primeiro capítulo
# Porquê o Capital de Risco?

## O CAPITAL DE RISCO COMO PARTE DA SOLUÇÃO PARA A ACTUAL CRISE ECONÓMICA E FINANCEIRA

O capital de risco conheceu um crescimento significativo nos últimos 25 anos e tornou-se uma fonte de aconselhamento e financiamento dos capitais próprios, cada vez mais importante para as empresas, motivadas em concretizar a suas estratégias de crescimento. Especialmente num período de incertezas e de escassez de capital, o capital de risco pode ser parte da solução no contexto económico que as empresas enfrentam no seio da União Europeia. O capital de risco disponibiliza capital para financiar os capitais próprios das empresas na actual crise de financiamento e desempenha um papel activo ao contribuir para a recuperação e inovação contínua na UE.

Embora o capital de risco represente uma pequena fatia do PIB europeu, tem um impacte significativo nas perspectivas de crescimento e pode desempenhar um papel importante no apoio às empresas para ultrapassarem esta fase de recessão económica.

A indústria do capital de risco está assente num compromisso de capital de longo prazo que pode proporcionar uma alternativa viável de financiamento ao tradicional crédito bancário e aos mercados de dívida pública. Por outro lado, o capital de risco representa muito mais do que um simples financiamento. O capital de risco distingue-se pela sua abordagem *hands-on* para trabalhar com as equipas de gestão e ajudá-las a estabelecer prioridades estratégicas claras para desenvolver negócios de sucesso. A concertação de interesses entre administração e financiadores, sólidos processos de governança e o enfoque na criação de valor, são conceitos chave da abordagem desta indústria ao investimento. Este papel torna-se particularmente importante numa fase em que as empresas enfrentam uma reorganização interna e a concorrência é mais difícil num cenário económico globalizado.

## *PRIVATE EQUITY* E CAPITAL DE RISCO

O capital de risco constitui uma alternativa interessante para capitalizar pequenas e médias empresas (PME), em especial pela dificuldade que estas encontram na fase de desenvolvimento e crescimento. O capital de risco é um investimento no capital social ou outros activos patrimoniais (*equity*) de pequenas e médias empresas ou na sua criação e desenvolvimento, em sectores de mercado altamente competitivos e caracterizados pela inovação de produtos, serviços, processos de produção ou distribuição, com grande potencial de crescimento e rentabilidade.

Enquanto indústria recente, as definições e características do capital de risco estão impregnadas pelas suas origens anglo-saxónicas. Assim, enquanto nos Estados Unidos da América estão bem caracterizadas duas formas fundamentais de investimento de capital de risco: o *private equity*, investimento aplicado na aquisição de participações em empresas já existentes, independentemente da sua dimensão, e com pouca ou nenhuma intervenção a nível da gestão e administração, com vista à valorização da participação; e o *venture capital*, o investimento em empresas pequenas, ou mesmo em projectos empresariais iniciais (*start-up*), nas quais o investidor acompanha de perto a gestão empresarial. Na Europa, o *private equity* tende a designar toda a indústria do capital de risco, incluindo o *venture capital*.

*Private equity* é muito simplesmente capital captado por uma empresa de uma forma privada – isto é, sem recorrer ao mercado público. No entanto, em vez dos referidos fundos serem provenientes de contactos pessoais ou familiares, evoluíram para investimentos em capital, reunidos por empresas privadas de capital de risco. Estas empresas de serviços profissionais captam fundos de investidores por um período de tempo definido (geralmente, 10 anos) e estão mandatadas para investir o dinheiro em

1 · PORQUÊ O CAPITAL DE RISCO?

participações de capital em empresas; participar na governança dessas companhias, exercendo o direito de voto do fundo (e, se for o caso, com assento na administração); melhorar a sua estratégia operacional; realizar mais-valias através de ofertas públicas ou admissões à cotação; e dar retorno do capital aos investidores, com a rendibilidade acumulada ou perdas.

O capital de risco faz parte da gama alargada de activos 'alternativos' (por oposição ao tradicional investimento directo em títulos de dívida pública ou empresas cotadas), que também inclui *hedge funds* (fundos de cobertura), fundos de dívida, *commodities* (matérias primas), imobiliário, etc....

Na perspectiva de uma companhia, o capital de risco é uma fonte de financiamento que oferece uma alternativa à tradicional escolha entre o crédito bancário e a cotação em bolsa, que vem agregada a accionistas profissionais comprometidos e empenhados no crescimento e na criação de riqueza. Na perspectiva de um investidor interessado em participar no crescimento de valor de uma companhia, investir num fundo de capital de risco representa uma participação mais forte na governança de um portfólio de companhias e, nalguns casos, o acesso a oportunidades de investimentos privados inacessíveis de outra forma.

Os investimentos de capital de risco são, por natureza, de longo prazo, proporcionando financiamento a companhias ao longo das diferentes fases do seu desenvolvimento. Em 58% dos casos, os investimentos de capital de risco são feitos por prazos superiores a cinco anos. Em apenas 12% das empresas, o capital de risco sai no espaço de dois anos, em contraste com a maioria dos investidores em bolsa, que mantêm os títulos por períodos substancialmente inferiores a um ano.

A saída pode assumir diversas formas: venda da participação aos seus antigos titulares, tanto de forma espontânea como pré-negociada logo no momento do investimento (contratos-promessa, opções *call* e *put* e MBO são as variantes mais comuns); venda da participação a terceiros, quer a investidores tradicionais como a outros investidores de capital de risco (caso em que o desinvestimento assume a designação de *secondary buy-out*); venda em mercado de bolsa, em especial quando o capital de risco assumiu a natureza de *bridge financing*. Esta é uma das formas preferidas de desinvestimento nos mercados mais desenvolvidos, ou com uma projecção das PME em mercados de bolsa superiores ao mercado português. A pouca expressão do mercado bolsista português e a inexistência de mercados de bolsa especializados em PME ou em sectores específicos de actividade faz com que estas formas de desinvestimento tenham pouca expressão em Portugal.

Comparado com outras fontes, como o crédito bancário, os subsídios públicos, as ofertas em mercado de bolsa e a angariação de investidores privados, o capital de risco destaca-se pela análise concreta dos projectos apresentados, do seu potencial de crescimento e da relação com o risco. Uma vez feita essa análise, e aprovado o investimento, o capital de risco assume um interesse directo na sua valorização e crescimento. Comparado com as outras formas de financiamento, é a única que assume o sucesso do negócio como o sucesso do seu próprio investimento. Normalmente, a participação no capital é minoritária, mas a Sociedade de Capital de Risco é tudo menos um *silent partner*.

A análise que o capital de risco faz da situação financeira de qualquer empresa é radicalmente diferente da análise de um banco. Este irá averiguar se a empresa apresenta um *debt/equity* ratio que lhe permita solver os compromissos financeiros e se dispõe de património ou activos de garantia. O capital de risco, pelo contrário, tenta determinar se a empresa tem potencial de crescimento e valorização, mesmo que não tenha grande capacidade de solvabilidade.

As actividades de capital de risco e *private equity* podem ser divididas em três categorias principais, dependendo da fase de vida ou maturidade da empresa participada: capital de risco (*venture capital*), capital de expansão e *buyout*.

O capital de risco concentra-se tipicamente na identificação de indústrias emergentes e investe fortemente em companhias das indústrias seleccionadas. Em muitos casos, estas companhias procuram comercializar uma inovação específica, geralmente ligada a uma tecnologia. Ao trabalhar de perto com empreendedores de talento, os investidores em capital de risco usam a sua rede de gestores para ajudar a construir a equipa de administração da empresa e os seus contactos na indústria e credibilidade, para promover os produtos, serviços e outros interesses da companhia, de uma forma mais alargada. Há sectores onde o capital de risco não actua por natureza: legalmente, está vedado. Casos da área financeira e do imobiliário. À partida, todos os outros são sectores onde o capital de risco pode entrar. Estamos na época certa para o capital de risco crescer. Há limitação de crédito e o financiamento das empresas passa por financiamento de capitais próprios. O capital de risco encaixa aqui bem, assim exista investimento para capital de risco.

As empresas apoiadas por capital de risco são numa fase inicial, normalmente, financiadas somente com recurso a esta fonte, dado que não geram *cash flow* positivo em quantidade suficiente para pagamento de juros sobre empréstimos. Quando as empresas geram fluxos de *cash flow*, são geralmente reinvestidos na expansão do negócio em vez de usados em alavancagem financeira. Para as companhias que alcançaram a maturidade, as capitais de risco usam a sua experiência e *know how* para ajudá-las a captar mais capital inicial, montar uma Oferta Pública Inicial (IPO) ou completar um acordo de venda a uma grande companhia, possibilitando uma saída ao fundo de capital de risco e o retorno do capital aos investidores, dando à companhia uma sólida fonte de financiamento.

Mas o capital de risco não pode, nem deve ser encarado como um *lender of last resort* ou última salvação de empresas. O objectivo do capital de risco é identificar empresas com elevado potencial, mesmo que se encontrem em situação financeira delicada, realizar uma entrada de dinheiro como contrapartida de uma participação normalmente minoritária e, pela intervenção directa na gestão da empresa, implementar soluções profissionais, desenvolver estratégias de eficiência na produção e distribuição, marketing e promoção, e assim contribuir para a valorização do negócio.

O negócio do capital de risco é comprar e vender empresas. Ou seja, neste percurso, tem de ganhar dinheiro e, preferencialmente, acima da rentabilidade (garantia de remuneração) atribuída aos participantes de um Fundo de Capital de Risco. O capital de risco só quer entrar em empresas e negócios que crescem. Dentro do contexto global, empresas com dificuldades não são *targets* fáceis, mas também podem ser muito menos onerosas. Se se associar a isto, planos de recuperação com a ajuda dos financiadores, fazendo *write-off* de algumas dívidas, podemos criar condições para modelos de negócio interessantes, baseados em processos de turnaround

## SEGMENTOS DO CAPITAL DE RISCO

O capital de risco cobre as fases iniciais da empresa e pode subdividir-se em *seed capital, early stage* e *later stage* – isto é, do primeiro conceito ao ponto em que a companhia necessita de financiamento para expandir as suas actividades comerciais.

## SEED CAPITAL

Financiamento dirigido a projectos empresariais em fase de projecto e desenvolvimento, antes mesmo da instalação do negócio, envolvendo muitas vezes o apoio a estudos de mercado para determinar a viabilidade de um produto ou serviço, mas também ao desenvolvimento de produto a partir de projectos ou estudos. Este investimento é o que oferece mais desafios para a indústria do capital de risco, partindo muitas vezes de ideias originais que carecem de suporte financeiro e de gestão para o seu desenvolvimento, sendo o financiamento que mais estimula a participação do investidor na gestão e organização do projecto empresarial. O *boom* das tecnologias da informação foi intensamente incentivado pelo capital de risco, nomeadamente, a indústria de biotecnologia, por oferecerem as maiores potencialidades para este tipo de investimento.

## EARLY STAGE (START-UP)

O *start-up* implica o investimento no capital de empresas já existentes e a funcionar, ou em processo final de instalação, com um projecto desenvolvido, mas que não iniciaram ainda a comercialização dos seus produtos ou serviços. Geralmente o investimento é destinado ao marketing inicial e ao lançamento dos seus produtos, serviços ou conceitos desenvolvidos. Muito embora as *start-up* sejam normalmente empresas de pequena dimensão, começa a desenvolver- se um interesse cada vez maior das indústrias tradicionais na criação e desenvolvimento de conceitos inovadores através destas empresas. Assim, as *start-up* podem ser pequenos projectos empresariais resultado da investigação ou de ideias originais, mas também projectos suportados por grupos empresariais, como é o caso das indústrias de componentes automóveis ou de telecomunicações.

## OTHER EARLY STAGE

Este investimento é dirigido a empresas recém-instaladas, que completaram a fase de desenvolvimento de produto e que possam já ter iniciado a comercialização, mas ainda sem lucros, sendo destinado à melhoria dos processos de fabrico e comercialização, e ao marketing. Nos mercados anglo-saxónicos verifica-se o cumprimento dos verdadeiros fundamentos desta actividade pelo que é normal os investimentos serem realizados nas fases de capital semente e de *start-up* (vide, por exemplo, os conhecidos casos da amazon.com e, mais recentemente, do Google). No entanto, em Portugal e na maior parte dos países europeus, com excepção naturalmente do Reino Unido, as Sociedades de Capital de Risco investem em empresas que se encontram num estágio de maior maturidade da sua actividade, pelo que as operações habituais são realizadas ao nível dos projectos de expansão e internacionalização. As SCR investem normalmente na chamada fase de expansão. Os montantes médios de participação situam-se na ordem de um milhão e 400 mil euros.

## EXPANSION CAPITAL

Este investimento, também designado de desenvolvimento ou de crescimento, é destinado a empresas que atingiram maturidade, mas que não têm capacidade própria para expandir o seu negócio, aumentar a sua capacidade de produção ou desenvolver técnicas de comercialização e promoção. Crescimento ou capital de expansão refere-se a investimentos (em muitos casos participações minoritárias) em pequenas e médias empresas (sobretudo, privadas mas, algumas vezes, companhias cotadas), em todos os sectores industriais, para dar apoio a desafios de crescimento específicos, como a entrada num novo mercado, o desenvolvimento de um novo produto ou uma estratégia de aquisição. Outra função importante é a de dar apoio durante uma transição de propriedade, de pública para privada, ou do fundador de um negócio para a próxima geração.

## MANAGEMENT BUY-OUT (MBO)

Este investimento destina-se a apoiar a aquisição do controlo da empresa pela administração ou por sócios minoritários. Exemplos destas operações vão da aquisição de subsidiárias de grandes grupos empresariais pelos seus gestores, até à aquisição do controlo de empresas ou grupos familiares, prévios à sua cotação em mercado de bolsa.

### MANAGEMENT BUY-IN (MBI)

Este financiamento destina-se a suportar a tomada de controlo de uma empresa por uma equipa de gestores externa.

### BUY-IN MANAGEMENT BUY-OUT (BIMBO)

Financiamento destinado a permitir o controlo da empresa pela Administração, auxiliada pela entrada de uma equipa de gestores externa (funde o MBO e o MBI).

### INSTITUTIONAL BUY-OUT (IBO)

Este tipo de investimento de capital de risco implica um envolvimento extraordinário do investidor, destinado a permitir à Sociedade de Capital de Risco ou ao investidor o controlo da empresa, sendo geralmente percursor de um MBO.

### REPLACEMENT EQUITY (CAPITAL DE SUBSTITUIÇÃO)

Também designado de capital de substituição, permite a um investidor tradicional da empresa (não relacionado com capital de risco, um outro accionista, p.e.) adquirir a participação de outro investidor.

### BRIDGE FINANCING

Investimento destinado a suportar a transição de uma empresa para cotação em mercado de bolsa.

### TURNAROUND (RESGATE)

Destinado a empresas com uma situação financeira difícil, pré-insolvência, tem como objectivos implementar projectos de reestruturação económica e recuperação financeira.

## PUBLIC TO PRIVATE (PTOP)

É uma modalidade de investimento de risco também designada de OPA de exclusão, e sem qualquer visibilidade no mercado português, visando adquirir a totalidade do capital de uma sociedade cotada em mercado de bolsa para a retirar desse mercado. A nível ibérico, a primeira operação PtoP ocorreu em Espanha, em 2003, quando a sociedade de capital de risco Advent International adquiriu a totalidade do capital do Grupo Parques Reunidos, a maior empresa do sector do lazer, cotada no mercado de Madrid, para posteriormente a retirar do mercado, numa operação que envolveu 130 milhões de euros.

## BUYOUT

Os *buyout* envolvem, normalmente, negócios maduros com um grande potencial de geração de *cash flow*. Incluem desinvestimentos de grandes grupos em negócios periféricos; companhias privadas cujos proprietários desejam alienar posições (por razões de sucessão ou outras); empresas cotadas; ou privatização de empresas estatais. Em contraste com o capital de risco e o capital de expansão, há geralmente lugar a uma mudança no controlo da empresa. A Sociedade de Capital de Risco e a equipa de gestores '*buys out*' (a grande maioria) do capital da companhia e refinancia a sua dívida. À medida que as empresas sejam mais maduras e estáveis, é comum que estas transacções sejam financiadas a um nível relativamente elevado de dívida (tipicamente, cerca de 60% do valor da transacção, contra 21% nas grandes companhias cotadas), ficando por isso conhecidos como *leverage buyouts* (LBO).

Nos *buyout* a aquisição de uma companhia pode conduzir, inicialmente, a uma redução de emprego. Ou porque a aquisição de uma empresa descapitalizada (o que é muitas vezes o caso das chamadas *corporate orphans* adquiridas a grandes grupos) necessita de uma restruturação, por exemplo, o fecho de um negócio ou linha de produtos não lucrativa, para preservar o *cash flow* e defender a posição de mercado, para garantir a sobrevivência a longo prazo, ou como consequência de uma companhia desinvestir de actividades não essenciais ao seu portfólio. Ao longo do tempo, no entanto, e à medida que o portfólio da companhia cresce e se reforça organicamente ou por aquisições, é geralmente seguido por um aumento do emprego.

Um estudo conduzido na Europa revelou que o número de empregados das empresas alemãs tomadas por *buyout* aumentou 4%, entre o período anterior ao *buyout* e o período de desinvestimento da sociedade de capital de risco. Todavia, este aumento líquido é o resultado da eliminação de postos de trabalho, combinada com a criação de novos empregos.

Os efeitos positivos do controlo por capitais privados aparentam manter alguma duração no tempo. Estudos americanos (Cao, Boston e Lerner, Harvard, '*The Performance of Reverse Leveraged Buyouts*') demonstram que em saídas via IPO, empresas que eram inicialmente detidas por capitais privados ultrapassaram Ofertas Públicas Iniciais contemporâneas nos três a cinco anos a seguir às operações, o que sugere que o capital de risco induz uma dinâmica que perdura durante algum tempo na companhia.

## LEVERAGE BUY OUT (LBO)

Os *leverage buy out* (LBO) são geralmente financiados a níveis mais elevados de endividamento do que as transacções típicas de empresas no mercado. Companhias adquiridas através de LBO tendem, igualmente, a ter *cash flows* mais estáveis. Os níveis de endividamento relativamente mais elevados desempenham três funções para a sociedade de capital de risco: aumentam os retornos de capital (e representam um nível de risco mais elevado, requerendo mais analíses e planeamento); criam valor devido ao escudo de impostos providenciado pela dívida; e colocam o enfoque dos gestores na geração de *cash flow* de companhias maduras, assegurando um crescimento economicamente sustentável e evitando aquisições não directamente relacionadas ou linhas de produtos não lucrativas.

## SOCIEDADES E FUNDOS DE CAPITAL DE RISCO

As Sociedades de Capital de Risco (SCR), materializam o investimento em capital de risco, sendo que existem ainda os instrumentos de investimento colectivo gerido pelas SCR: os Fundos de Capital de Risco (FCR).

As SCR têm como objecto o apoio e promoção do investimento e da inovação tecnológica em projectos empresariais ou empresas já existentes, através da participação temporária no respectivo capital social. Como objecto acessório, e desde que tais serviços sejam prestados a empresas participadas ou empresas com as quais desenvolvem um projecto com vista à entrada de Capital de Risco no seu capital social, podem: prestar assistência na gestão financeira, técnica, administrativa e comercial das sociedades participadas; realizar estudos técnico-económicos de viabilidade de empresas ou de novos projectos de investimento (estudos de mercado), bem como das condições e modalidades do respectivo financiamento.

Os Fundos de Capital de Risco (FCR) são uma modalidade de fundos de investimento mobiliário. O seu património deverá ser composto por quotas de capital, acções e obrigações, não cotadas em Bolsa. Os FCR são fundos fechados, devendo o capital a investir ser obrigatoriamente fixado no momento da sua constituição. A administração dos FCR apenas pode ser exercida por sociedades de capital de risco. Podem igualmente exercer a administração dos FCR, na qualidade de sociedades gestoras, os bancos comerciais ou equiparados e os bancos de investimento, as sociedades de investimento regional e as sociedades de investimento.

A estratégia fundamental do capital de risco é assegurar um retorno de capital aos investidores através da valorização do portfólio de empresas que adquire. Um Fundo de Capital de Risco realiza investimentos para manter e desenvolver num prazo de três a sete anos. Os investimentos em capital de risco são ilíquidos – não podem ser facilmente vendidos ou negociados. Um Fundo de Capital de Risco não negoceia a compra e venda de posições complexas como títulos cotados ou produtos derivados. Os investidores em capital de risco comprometem-se durante o período de vida do fundo (tipicamente, 10 anos). Ao contrário de um *hedge fund* (fundos de cobertura), os investidores num Fundo de Capital de Risco não estão autorizados a resgatar o seu investimento ou a cancelar os principais compromissos antes do término da vida do fundo.

Um Fundo de Capital de Risco conduz uma pesquisa financeira, legal e comercial aprofundada do negócio a sustentabilidade das suas projecções antes de investir na empresa. Em contraste, os fundos de investimento de curto prazo em produtos complexos ou em títulos têm pouca informação sobre o negócio ou acesso à administração para se informarem sobre as decisões de investimento. Os Fundos de Capital de Risco tomam participação e pagam à SCR a respectiva *fee*.

Um dos princípios fundamentais do capital de risco é o alinhamento dos interesses e riscos dos participantes ao longo de toda a cadeia – o gestor (e os seus executivos) com os investidores e o fundo, e o fundo (e desta

CAPITAL DE RISCO

forma, os investidores, o gestor e os seus executivos) com as empresas do portfólio, os seus trabalhadores (se for o caso) e os financiadores. O gestor de um Fundo de Capital de Risco e os seus executivos podem investir directamente no fundo a par dos investidores. Só recebem uma recompensa diferida quando os investimentos do Fundo foram vendidos com um ganho substancial para os investidores receberem o capital investido adicionado a um retorno típico entre 15 e 25%.

Para alinhar os interesses da empresa participada com os do Fundo, os colaboradores chave do negócio podem adquirir igualmente uma posição. Estes trabalhadores têm um interesse redobrado na sustentabilidade e sucesso da empresa. Embora um montante significativo deste capital seja detido pelos administradores, o gestor do Fundo encoraja a distribuição deste capital pelos executivos juniores cujo desempenho é essencial para a performance do negócio.

Um Fundo de Capital de Risco, representa um compromisso a 10 anos e, geralmente, um envolvimento elevado de fundos. Isto significa que os investidores deverão ter disponibilidades financeiras de longo prazo, não necessitando da liquidez de curto prazo oferecida pelos mercados bolsistas. A maioria dos investidores em capital de risco são os fundos de pensões, bancos e capital público, companhias de seguros, fundações e grupos familiares. Investir num Fundo de Capital de Risco significa aliar-se a uma parceria com outros investidores e uma Sociedade de Capital de Risco. Como parceiros, podem participar na Comissão de Supervisão do Fundo ou de Investimento, são sempre informados de todas as actividades e das actividades das empresas que integram a carteira de participações.

Após completar a angariação de capital do Fundo, a Sociedade de Capital de Risco vai investir em benefício dos investidores do Fundo, tipicamente, a um prazo de três a cinco anos. A maioria das capitais de risco capta novos Fundos após o encerramento do período de investimento de um dado Fundo. Nos últimos 30 anos, uma fatia cada vez maior de investimentos a nível mundial tem origem nestes investidores de longo prazo que estão em condições de investir em capital de risco. O que tem sido um dos dois factores mais importantes no crescimento dos Fundos de Capital de Risco. O outro reside no facto de uma grande percentagem dos Fundos ser alocada a portfólios de capital de risco. Performances médias dos investimentos em capital de risco são similares aos índices da Bolsa, mas Sociedades de Capital de Risco fortes oferecem retornos superiores de uma forma consistente.

## INVESTIDORES

O investimento num Fundo de Capital de Risco é ilíquido e a longo prazo. Os investidores retiram mais-valias do seu investimento pela partilha das mais valias quando o Fundo vende os seus investimentos. Um investidor num Fundo de Capital de Risco não pode resgatar o seu investimento e o acordo com o gestor é indispensável quando quer vender os seus activos. Não existe um mercado oficial onde os activos em Fundos de Capital de Risco são vendidos. A única forma em que o investidor pode transaccionar o seu investimento antes do final do período de vida do Fundo é por via de uma negociação directa fora do mercado.

Desta forma, os principais riscos do mercado para os investidores são aqueles em que o Fundo onde investem enfrenta. O montante com que um investidor contribui para o Fundo é fixado no momento da adesão e, desta forma, o risco de mercado é também fixado. A nenhum momento, uma mudança no mercado pode afectar o *quantum* de risco do investidor. Mas, o investidor profissional compreende e reconhece o elevado risco a que se submete e que pode resultar na perda total do capital investido.

Em Portugal, há crise de confiança dos investidores no capital de risco, porque sentem que é um sector que está fechado em si mesmo e com pouca transparência. Por mais que se tente passar a informação. Com as características que Portugal tem hoje face ao mundo, somos 'lixo', não é nada fácil trazer dinheiro para o capital de risco. Os investidores em si não mudaram muito a sua atitude. Têm consciência das oportunidades, mas, hoje, estão muito preocupados com a sua própria carteira e têm necessidades de financiamento. E se os meios são escassos, vão primeiro para a carteira do que para novos investimentos.

Quem é que investe num sector que até hoje tem tido a característica de ser demasiado opaco? Ninguém fala muito sobre rentabilidade dos fundos de capital de risco. A falta de informação afasta investidores. Os investidores típicos de capital de risco não estão habituados a algo tão fechado. É evidente que, a prazo, cria-se uma relação de confiança.

O financiamento do capital de risco é estrutural. A sustentabilidade do sector é proporcional à entrada de fundos e com a capacidade de ele próprio se renovar. Quando existe um fundo, investe e quando começa a desinvestir, não começa logo a investir. Geralmente, é obrigado a devolver o dinheiro aos participantes. E se o devolver aos participantes não o vai ter de volta!

Relativamente aos investidores, o gestor do Fundo investiga os potenciais investidores e faz um *credit assessment* (incluindo uma verificação de eventuais lavagens de dinheiro) quando estes aderem ao Fundo e continua a monitorar o seu *status* financeiro durante a vida do Fundo. Existem consequências severas para um investidor sujeito Acordo de Participação, se não satisfazer plenamente os seus compromissos (inclusive, a perda de todos os montantes investidos no fundo).

Como qualquer investidor numa companhia privada, o Fundo está exposto ao risco de mercado se incorrer numa perda dos investimentos realizados. O Fundo minimiza os riscos pela diversificação dos seus investimentos. Um *buyout* efectua normalmente entre oito e 12 investimentos e um Fundo de Capital de Risco, entre 20 e 40, em cada caso ao longo de um período de cinco anos e a diferentes estágios do ciclo económico. Durante uma recessão do mercado, o Fundo de Capital de Risco pode manter os seus investimentos até à recuperação do mercado e vender mais tarde com mais-valias, reduzindo a sua exposição às vendas forçadas.

Em síntese, o modelo de investimento em capital de risco é um conceito simples, tendo por principais elementos:

- **Investidores.** Sociedades de capital de risco captam fundos de investidores de longo prazo.
- **Criação de valor através de uma participação activa.** Os Fundos de Capital de Risco investem num portfólio de companhias em vários estágios de desenvolvimento e adquirem direitos accionistas. O financiamento da empresa é reestruturado de acordo com as orientações dos gestores e investidores, o que melhora o potencial de crescimento e criação de riqueza. Representantes da capital de risco, frequentemente, especialistas altamente qualificados no sector, exercem um papel muito activo na direcção estratégica da empresa e na supervisão da gestão (embora deixando o dia-a-dia operacional para os gestores). Quando os planos de criação de valor estão concretizados e a empresa está pronta para o nível seguinte de desenvolvimento (normalmente, num período de três ou quatro anos), a capital de risco e os restantes accionistas avaliam cuidadosamente o momento ideal para realizar a mais-valia e efectuar o desinvestimento, sendo a companhia vendida, publicamente ou em privado.

- **Concertação de interesses e compensação.** As Sociedades de Capital de Risco um *fee* de gestão calculado, essencialmente, com base nos fundos captados, como sobre a rentabilidade do Fundo e recebem proveitos com base nos montantes extraordinários que dão de retorno aos investidores por meio dos dividendos da carteira de participações e de eventuais alienações.

# Segundo capítulo
# Riscos e oportunidades

## FINANCIAMENTO VOCACIONADO PARA PME

A importância da indústria de capital de risco é cada vez maior em Portugal. Por um lado, constata-se que o peso agregado da facturação e do número de trabalhadores das empresas participadas por capital de risco relativamente ao PIB nacional e ao emprego total da economia apresentou um incremento considerável nos últimos anos; por outro lado, torna-se cada vez mais claro que o capital de risco é um produto vocacionado para apoiar pequenas e médias empresas, o que acontece em 70% dos casos estudados pela APCRI (Associação Portuguesa de Capital de Risco e de Desenvolvimento).

Hoje, temos em Portugal *players* de pequena dimensão, que têm um jogo relativamente disperso; temos *players* de média dimensão, que tentam ter alguma especialidade mas não sectorial – é a especialidade pela concentração de alguns sectores, como a tecnologia; e, depois, temos empresas relativamente grandes. O seu enfoque é o das ligações Portugal-Espanha (Explorer), a ECS Capital que está muito no *turnaround* de empresas em dificuldade; e fundos em linha com as estratégias de *turnaround*, promovendo o *buy and build*, isto é, concentrar para ganhar volume, competitividade dentro da empresa e eficiência para permitir uma internacionalização. Sentiu-se isso na área da construção, com a Vallis Capital Partners, que está a fazer uma operação grande de concentração num fundo específico para

CAPITAL DE RISCO

essa área e no sector do turismo, também com preocupações imobiliárias, criando condições para dar a exploração a terceiros. É um jogo de mãos dadas com a banca, o Estado e estes credores.

Algumas empresas que estão a fazer um bom trabalho têm tido um enfoque nas áreas da tecnologia (Espírito Santo Ventures), criação de patentes e valor ao nível tecnológico; a Espírito Santo Capital, que está mais na lógica de *buyout* criando empresas competitivas e com vocação internacional; a Caixa Capital, que está a fazer um bom trabalho ao nível do *middle market*, criando dinâmicas com as PME e criando condições para fusões.

O papel do Estado na dinamização do capital de risco em Portugal está a ser reequacionado pelas autoridades competentes. Com a recentragem e redireccionamento do conjunto dos instrumentos públicos existentes e correspondentes recursos, actuando em estreita colaboração com os diferentes agentes públicos relevantes nesta área, pretende o Estado reposicionar o sector de capital de risco público face aos operadores privados, através do aumento da eficiência do seu contributo para o desenvolvimento económico e da eficácia da própria actividade deste importante instrumento financeiro.

## AMEAÇAS

A actual conjuntura de recessão económica vem necessariamente implicar uma maior prudência nos critérios de análise e decisão das Sociedades de Capital de Risco (SCR). Após um período fértil em número de projectos analisados pelas SCR, a actual conjuntura de recessão e as consequentes perdas de rendibilidade dos investimentos efectuados vieram tornar mais apertados e rígidos os parâmetros de decisão dos operadores, que passaram novamente a olhar para os *cash flows* previstos nos planos de negócio e seus pressupostos com alguma prudência. Por esta razão, o número de projectos elegíveis para as SCR veio a reduzir-se substancialmente.

Verifica-se actualmente uma redução generalizada dos valores de mercado e rendibilidade das participações de capital de risco.

Apesar da crescente importância que o capital de risco assume na economia, ainda persistem resistências culturais no meio empresarial ao recurso a este instrumento financeiro. O capital de risco em Portugal continua a ser um produto financeiro relativamente novo. Os empresários portugueses ainda não beneficiaram minimamente das vantagens que se encontram associadas a tão importante instrumento de dinamização empresarial, ao contrário do que acontece com os seus congéneres ingleses, americanos e franceses, por exemplo.

Ao contrário de outros países, onde o capital de risco é visto como uma importante ferramenta para o desenvolvimento económico (traduzido na criação de centenas de milhares de novos investimentos na área de I&D, no acréscimo das exportações, no pagamento de centenas de milhões de dólares em impostos, na mobilização do capital e do talento empreendedor), em Portugal os empresários têm ainda uma certa relutância na utilização deste instrumento de financiamento que aposta na parceria de capital e gestão.

## PONTOS FORTES

Os mercados onde as empresas actuam apresentam um elevado potencial de crescimento. Existe uma adequação dos produtos e serviços da empresa a nichos específicos de mercado (inovação).

O desempenho, a competência e a experiência profissional dos gestores das empresas são adequados, existindo um bom relacionamento com os seus sócios ou accionistas.

Existe uma clara definição da missão da empresa e uma correcta implementação da estratégia inicialmente delineada. Existem boas perspectivas de rendibilidade e baixo risco associados à participação.

As ligações que a empresa possui a montante e a jusante são o garante para a concretização de uma boa operação de saída.

Os operadores de capital de risco têm procurado cada vez mais diversificar o risco dos seus investimentos, renovar as suas carteiras e a adaptarem as suas intervenções às necessidades das suas participadas.

As empresas estudadas são detidas maioritariamente por investidores de natureza colectiva (estabelecidos fundamentalmente no mercado nacional), destacando-se outras empresas e as próprias sociedades de capital de risco. O peso dos próprios gestores na estrutura de capital começa também a assumir um peso cada vez maior, o que aponta para uma maior importância de operações do tipo MBO/MBI.

Em média, mais de dois terços das intervenções de capital de risco apresentam uma maturidade inferior a cinco anos, existindo uma clara propensão dos operadores em participar apenas numa única ronda de financiamento das empresas, o que acontece em quase 75% dos casos.

CAPITAL DE RISCO

O objecto de participação de capital de risco nas empresas continua a ser o financiamento de investimentos de expansão (o que acontece em quase 50% das observações), encontrando-se o apoio a operações de reestruturação a perder peso relativo por contrapartida de um reforço das intervenções em fases de *start up*.

Verifica-se uma clara tendência dos operadores de capital de risco em sindicar investimentos com outras sociedades, apostando desta forma numa evidente partilha do risco implícito a cada intervenção.

Outra estrutura de capital para além dos capitais públicos. A concessão de suprimentos por parte das sociedades de capital de risco como forma complementar de intervenção financeira nas empresas tem vindo a ser incrementada.

Os operadores de capital de risco têm vindo a aproximar-se cada vez mais das suas participadas como forma de valorizar o investimento. Existe uma cada vez maior apetência das SCR em ajudar as suas participadas e obviamente a sua equipa de gestão, a explorar as vantagens competitivas que possuem.

## PONTOS FRACOS

Apesar das tendências de diversificação de investimento já evidenciadas, a concentração de participações de capital de risco em determinados segmentos de projectos continua elevada. A maioria das empresas participadas concentra-se nos grandes centros urbanos (Grande Lisboa e Grande Porto), desenvolvendo actividade maioritariamente em sectores da indústria transformadores e prestação de serviços. As operações de MBO/MBI, capital de substituição e capital semente continuam a ser ainda insignificantes.

Existe uma baixa rotatividade das carteiras de investimento das SCR. A actual maturidade das carteiras de investimentos dos operadores apontam para números substancialmente reduzidos de alienações, sendo a saída parcial do capital das empresas uma forma ainda pouco explorada de desinvestimento.

## PAPEL DO ESTADO

O Estado deverá desempenhar um papel muito importante no desenvolvimento da actividade de capital de risco em Portugal, ao criar as condições ambientais adequadas à materialização das linhas orientadoras atrás descritas, favorecendo o enquadramento fiscal da actividade de capital de risco, tornando-a desta forma mais competitiva quando comparada com a situação de outros países europeus; criando as condições objectivas para que mais empresas tenham acesso aos mercados de capitais, quer por cotação directa em bolsa de valores, quer por via dos instrumentos de titularização de activos, induzindo-se também assim a própria dinamização de toda a actividade de capital de risco, onde a componente fiscal e legal serão sem dúvida ferramentas a utilizar para atingir esses objectivos; e tendo uma actuação que se possa constituir como catalisadora das actividades mais alheadas de esfera empresarial privada e que progressivamente poderão ver a sua eficácia e eficiência melhoradas pela evolução para um modelo de gestão de cariz eminentemente empresarial.

Em síntese:

- Dinamizando o investimento em empresas com projectos de reposicionamento e revalorização na respectiva cadeia de valor, com significado relevante para os sectores de pertença. A título exemplificativo, mencionam-se investimentos relacionados com processos de internacionalização, criação de marcas próprias e comercialização, bem como em investigação e desenvolvimento de produtos e processos produtivos ou em movimentos estratégicos de integração vertical ou horizontal.

- Dinamizando o investimento na criação de novas empresas, principalmente nas áreas das novas tecnologias ou enquadradas no adensamento da malha produtiva; facilitando o desenvolvimento de parcerias accionistas com investidores estrangeiros, em particular aquelas cujas decisões de investimento contribuam para o lançamento de novas actividades em Portugal, ou para o adensamento de fileira de produção já existente.

- Atenuando os factores inibidores do desenvolvimento da actividade de capital de risco em Portugal, através de uma maior difusão junto do pequeno e médio empresário das vantagens que se encontram subjacentes a este tipo de financiamento e pela constituição de organizações especializadas que actuem como catalisadores do investimento entre os empresários e as próprias SCR.

- Promovendo o desenvolvimento de redes de *business angels* a nível regional, nacional e comunitário como forma de dinamizar o próprio mercado de capital de risco formal, que naturalmente se posiciona a jusante do tipo de intervenção típica de um investidor informal.

CAPITAL DE RISCO

- Eliminando barreiras institucionais e regulamentares à dinamização de negócios como a simplificação das formalidades administrativas na constituição ou alteração de estatutos de empresas (incluindo os requisitos mínimos de capital social).
- Desenvolvendo o trabalho em rede entre as SCR e as universidades, centros de pesquisa, financiadores, advogados, especialistas em recursos humanos, entre outros.
- Promovendo a capacidade empreendedora e de inovação dentro de sistemas de formação e educação ao nível nacional.

## COTEC PORTUGAL – PROJECTO PRIVADO DE APOIO À INOVAÇÃO

A COTEC Portugal – Associação Empresarial para a Inovação foi constituída em Abril de 2003, na sequência de uma iniciativa do então Presidente da República, Jorge Sampaio, tendo sido apoiada pelo Primeiro-Ministro e recebido a adesão de um conjunto de empresas cujo valor acrescentado bruto global representava, em 2002, cerca de 14% do PIB nacional. Desde o início da sua actividade que o cargo de Presidente da Assembleia-Geral tem sido exercido pelo Presidente da República. A COTEC conta hoje com 122 associados.

Com a missão de "promover o aumento da competitividade das empresas localizadas em Portugal, através do desenvolvimento e difusão de uma cultura e de uma prática de inovação, bem como do conhecimento residente no país", a COTEC é uma associação sem fins lucrativos que conta com o apoio dos seus associados e das instituições do Sistema Nacional de Inovação (SNI) para a concretização dos seus objectivos, através da realização de iniciativas em várias áreas.

Pela primeira vez, Portugal viu nascer um projecto privado (em que uma parte significativa do sector empresarial se organizou para promover a inovação) e cujas características especiais, por nascer duma iniciativa do Presidente da República e com o apoio das instituições do SNI, permitem que esta estrutura associativa reúna condições para liderar o processo de mudança em Portugal contemplado na sua missão. A COTEC acredita que esta liderança terá de ser conquistada, através da clareza, do rigor e da eficácia da sua intervenção. E este é um compromisso assumido pela sua Direcção.

O projecto que a COTEC se propôs concretizar insere-se num contexto social de extrema complexidade, envolvendo muitos actores potenciais (empresas – umas associadas da COTEC Portugal outras não –, estruturas associativas, instituições públicas – umas ligadas ao poder central outras ao poder local –, etc.) com objectivos distintos e potencialmente conflituosos, condicionalismos de ordens muito diversas – económicas, sociais, educacionais e culturais – que determinam que as transformações mais significativas a operar serão necessariamente de médio ou longo prazo e com perspectivas de avaliação muito distintas.

A COTEC sabe que só com uma cultura de rigor, de não dispersão na acção e com uma política mais centrada no 'fazer' do que no 'prometer' poderá prestigiar-se e ser uma peça significativa do SNI. É esta a forma de estar e a cultura que têm orientado a COTEC Portugal na sua actividade até ao momento e que esta associação continuará a preconizar no futuro; no plano interno, com o apoio dos associados e de instituições e actores do SNI e, no plano europeu, com uma parceria especial com as suas congéneres espanhola e italiana.

Em 2012, os programas COHitec Lisboa ISCTE-IUL e COHiTEC Norte EGP-UPBS seleccionaram 14 novos projectos nacionais de base tecnológica com aplicações nas áreas alimentar, energética, da saúde e têxtil. O Programa COHiTEC é uma acção de formação centrada na avaliação do potencial comercial de tecnologias de elevado potencial de crescimento (high-tech/high-growth) desenvolvidas em instituições de I&D nacionais. Os projectos de negócio que resultam do desenvolvimento, ao longo de quatro meses, de ideias de produto baseadas nas tecnologias participantes.

"Somos o único processo 'do laboratório ao mercado'. Pegamos em projectos early stage e ajudamo-los a percorrer o caminho até ao mercado", afirma o Director do Act, Pedro Vilarinho, lembrando que, quando se lida com projectos de alto potencial de crescimento, o processo de chegada ao mercado implica muito tempo. "O resultado do COHiTEC é um projecto de negócio, um embrião de um plano de negócio", acrescenta Pedro Vilarinho, sublinhando que, para os investigadores que quiserem criar a sua própria empresa ou licenciar a sua tecnologia, este é apenas o primeiro passo: "haverá ainda muito trabalho árduo pela frente", remata.

Desde a sua criação em 2004, o Programa COHiTEC já apoiou 106 projectos e esteve na origem de 16 empresas, sendo o primeiro passo num longo percurso. As equipas que depois do COHiTEC pretendam seguir em frente podem candidatar-se a financiamento para a prova de conceito da sua tecnologia (Act to Prove), ao que se segue o apoio na elaboração do

CAPITAL DE RISCO

Plano de Negócios (Act to Enhance) e a negociação com os investidores (Act to Add Value). Na edição de 2012, participaram 82 pessoas, entre investigadores, estudantes de gestão e tutores.

## INSTITUTO PEDRO NUNES CRIA INCUBADORA DE EMPRESAS

Criada em 2002 por iniciativa do Instituto Pedro Nunes (IPN) e da Universidade de Coimbra, a IPN-Incubadora – Associação para o Desenvolvimento de Actividades de Incubação de Ideias e Empresas, é uma instituição de direito privado, sem fins lucrativos. A IPN-Incubadora promove a criação de empresas *spin-offs*, apoiando ideias inovadoras e de base tecnológica oriundas dos laboratórios do IPN; de instituições do Ensino Superior, em particular da Universidade de Coimbra; do sector privado; e de projectos de I&DT em consórcio com a indústria.

Na Incubadora as empresas dispõem de acesso facilitado ao sistema científico e tecnológico nacional e de um ambiente que proporciona o alargar de conhecimentos em matérias como a gestão, estratégia, finanças, fiscalidade, marketing, qualidade, etc., bem como o contacto com mercados nacionais e internacionais. A Incubadora de Empresas do IPN, presta apoio durante a fase nascente de novos projectos empresariais inovadores ou de base tecnológica e de serviços avançados. Os projectos com carácter prioritário são *spin-offs* surgidos da Universidade de Coimbra e *start ups* que assegurem uma forte ligação ao meio universitário, seja através de alunos, docentes ou projectos de investigação em laboratórios, bem como projectos vindos do sector privado e de I&DT em consórcio com a indústria.

Constituem principais objectivo, estimular e apoiar o lançamento e desenvolvimento de novas empresas de base tecnológica ou inovadoras e de serviços avançados e a promoção de uma cultura de empreendedorismo tecnológico e inovador na região envolvente. A IPN-Incubadora dispõe de uma equipa de gestores e consultores qualificados e especializados na área do empreendedorismo e apoio à criação de empresas. Para além dos recursos humanos, a IPN-Incubadora possui instalações modernas e qualificadas, infraestruturadas e equipadas com todo o mobiliário essencial para a fase inicial da actividade das empresas. O apoio prestado, assume essencialmente a forma de orientação técnica na fase de constituição e arranque da empresa; acompanhamento tutorial na elaboração do plano de negócios da empresa; disponibilização de espaço físico para instalação; serviços de logística (salas de reuniões, correio, telefone, fax, Internet, reprografia); ligações e contactos com diversos centros de investigação nacionais e internacionais e outras fontes de conhecimento, fontes de financiamento, etc; acesso privilegiado a fontes de saber e conhecimento oriundas da UC; acesso a acções de formação regulares em temas tecnológicos e relacionados com gestão; possibilidade de recorrer à nossa bolsa de consultores especializados em distintas áreas (Gestão, Investimentos, Marketing, Fiscal, SHST, Estratégia, Tecnologias, Qualidade, etc) em condições vantajosas; candidaturas a Sistemas de Incentivos ao Investimento, I&D, emprego, etc; serviços de contabilidade. No domínio da formação, a IPN-Incubadora, em estreita cooperação com o Departamento de Formação do Instituto Pedro Nunes, concentra os seus esforços na formação contínua dirigida a jovens empreendedores, em temas tecnológicos e de gestão.

## BIOCANT VENTURES VOCACIONADA PARA AS CIÊNCIAS DA VIDA

Criada em 2006, por iniciativa do parque tecnológico Biocant Park e da Sociedade de Capital de Risco BETA SCR, a Biocant Ventures pretende ser uma empresa com capital aberto a outras entidades privadas e público--institucionais, nacionais ou internacionais, que partilhem esta visão de possibilidade de valorização da propriedade intelectual e de apoio financeiro à inovação. Todos os membros com, pelo menos, 10% do capital têm assento no Conselho Consultivo, que decide exclusivamente por unanimidade.

É a primeira empresa de *business angels* a investir exclusivamente em projectos na área das Ciências da Vida pretendendo, em contrapartida, obter parte da propriedade intelectual produzida. Devido à sua informalidade, os denominados *business angels* são capazes de apoiar pessoas e empresas com projectos empresariais em estádios iniciais de desenvolvimento de uma forma rápida e flexível. Esta empresa procura gerar mais-valias na compra, venda e licenciamento de tecnologias originárias do Biocant ou de outros laboratórios, centros de I&D e universidades com os quais estabeleça contratos nesse sentido.

A Biocant Ventures transforma ideias na área das Ciências da Vida em projectos viáveis, criando as condições para que estes ultrapassem o 'vale da morte' até à sua organização como empresa independente ou

CAPITAL DE RISCO

aproximação de uma já existente. A instituição facilita o acesso a mecanismos de financiamento inicial ou de 'capital semente' que permitam apoiar os empreendedores e as suas iniciativas nas fases embrionárias e disponibiliza condições laboratoriais adequadas para validar cientificamente os projectos e transmitir a confiança necessária para o arranque destas iniciativas empresariais.

## AITEC PIONEIRA NAS TECNOLOGIAS DA INFORMAÇÃO

O Grupo Aitec é o mais antigo grupo de base tecnológica em Portugal, desenvolvendo a sua actividade nas várias áreas das Tecnologias de Informação. As áreas de actuação do Grupo Aitec compreendem integração de sistemas, consultoria em tecnologias de informação e portais, gestão de frotas, soluções de posicionamento, soluções móveis e auditoria da qualidade, tendo como clientes a maior parte das grandes empresas portuguesas, com particular destaque para os principais operadores de telecomunicações.

O Grupo Aitec foi, desde 1987, responsável em Portugal pelo lançamento e acompanhamento de mais de 55 empresas na área das tecnologias de informação, electrónica, serviços e conteúdos para Internet, muitas das quais hoje referências no panorama nacional, como a link consulting, a Beactive, a linkcom, a Knowledge people, a Novabase, a IP Global, a Sol-S, a Solsuni, a Medidata, Megamédia, a Mind, a Mailtec, a Octal, a Tecmic e a Bizdirect, para só mencionar algumas. Neste processo obteve uma taxa de sucesso superior a 95%, o que representa a criação de mais de 3000 postos de trabalho.

A linha de actuação do Grupo Aitec centra-se no seu crescimento focalizado nas novas oportunidades que a evolução das Tecnologias de Informação e Comunicações em Portugal e no mundo irão provocar, oferecendo qualidade e inovação. A sua estrutura deverá manter-se flexível e capaz de responder antecipadamente a novas mudanças e tendências. Em 2000 a Aitec iniciou um novo ciclo de evolução, reorientando a sua actividade num conjunto de novas participações e parcerias estratégicas que lhe oferecem capacidade de crescimento, sempre focalizado em torno das tecnologias de informação e em particular em torno do negócio electrónico.

O Grupo Aitec assume uma estratégia de crescimento sustentado, potenciando sinergias entre as suas participadas, através de um acompanhamento de gestão muito próximo e da aplicação de critérios rigorosos de rentabilidade e de criação de valor na avaliação dos investimentos. A Aitec, pretende desenvolver uma estratégia coerente com os novos desafios e oportunidades, assente numa visão de futuro, onde predomina competência, liderança e a articulação das empresas em sinergia, de molde a potenciar a criação de valor para os clientes, accionistas, colaboradores e parceiros.

Em Janeiro de 2009, o Grupo AITEC formalizou um acordo de fusão com o Grupo Favvus, com o principal objectivo de consolidar o negócio das várias empresas existentes e de crescer sustentadamente, graças à complementaridade das actividades, ao reforço de áreas já existentes e à racionalização dos serviços comuns de apoio. O novo grupo que surge, por troca de participações entre accionistas vai reforçar as parcerias existentes e sobretudo, valorizar o seu principal activo de qualquer empresa, os seus clientes.

Com a fusão das actividades dos dois grupos serão optimizados os processos de desenvolvimento tecnológico e económico e será reforçada a nossa posição destacada como uma das maiores empresas nacionais. A designação comercial utilizada terá como base a marca Link, o nome da maior empresa do grupo Aitec, e que em termos de notoriedade de mercado é mais conhecida.

# Terceiro capítulo
## Evolução estatística em Portugal e na Europa nos últimos 20 anos

### CONTRIBUTO DO CAPITAL DE RISCO PARA O DESENVOLVIMENTO DA ECONOMIA PORTUGUESA

Em Portugal, o capital de risco teve formalmente início em 1986, com a publicação do Decreto-Lei n.º 17/86, de 5 de Fevereiro, que estabeleceu o enquadramento legal das sociedades de capital de risco (SCR), tendo em vista o apoio à iniciativa privada e a promoção do investimento produtivo financiado privilegiadamente por capitais próprios. Em 1 de Janeiro de 1986, quando Portugal entra na, então, Comunidade Económica Europeia (CEE), o sector financeiro nacional caracterizava-se por ser quase exclusivamente público e regulado administrativamente pelo Banco de Portugal, que definia quase todos os parâmetros essenciais da actividade desde a quantidade do crédito a conceder até ao preço (taxa de juro) dos diferentes produtos.

A nível Europeu, verificou-se um forte crescimento nas décadas de 70 e 80 (mais relevante no Reino Unido e, numa segunda fase, em França), tendo vindo a alcançar-se uma relativa estabilidade no que concerne à participação do mercado. Relativamente à evolução deste tipo de financiamento em Portugal até 1998, é possível distinguir um primeiro período de 1986 a 1991 e um segundo período decorrente de 1992 a 1998. É de referir que no primeiro, somente em 1989 é que se registou

CAPITAL DE RISCO

um acréscimo significativo do número de sociedades de capital de risco (de duas SCR, em 1987; para 19, em 1989; e 25, em 1990) verificando-se um crescimento de fundos disponíveis de 5 para 27 milhões de contos (de 24,9 milhões para 134,6 milhões de euros), e que entre os anos de 1991 e 1992 se verificou uma quebra no volume global de fundos afectos à actividade de capital de risco no montante de 7,1 milhões de contos (35,4 milhões de euros). O total de fundos captados desceu, assim, de 35,3 milhões de contos para 28,2 milhões de contos (de 176,0 milhões para 140,6 milhões de euros).

Fundada em Março de 1989, a APCRI – Associação Portuguesa de Capital de Risco e de Desenvolvimento – é a estrutura representativa do capital de risco em Portugal, da qual fazem parte as entidades que realizam, promovem ou contribuem para a actividade de capital de risco e de *private equity*, tais como, Sociedades de Capital de Risco, sociedades de investimento, bancos, companhias de seguros, sociedades gestoras de fundos de pensões, sociedades de advogados, institutos públicos, fundações e personalidades de relevo (conta presentemente com 30 associados). Depois de um rápido crescimento no final dos anos 80, a indústria do capital de risco portuguesa estabilizou nos primeiros anos da década de 90. Situação que ficou a dever-se, sobretudo, à redução do crescimento da economia nacional. Este fenómeno teve um impacte directo na carência de fundos disponíveis para investimento, assim como na redução do número de sociedades de capital de risco a operar em Portugal.

## DESINVESTIMENTO NOS ANOS 90

Em 1990, a maior percentagem dos investimentos em capital de risco (37%) foi alocada às empresas em fase de *start up*, logo seguidas pelas empresas em expansão (31,7%). No ano seguinte, a situação inverteu-se, passando as empresas em expansão a representar 44% do total de investimento, percentagem que subiria aos 70,1%, em 1995. Verificou-se assim, um maior peso no investimento em negócios de expansão, seguido de uma maior aposta na recuperação de empresas, que começou por representar 5,3% do investimento em capital de risco, em 1990, e elevaria a sua posição até aos 23,8%, em 1994. De igual modo, o investimento por sectores denota uma forte componente no comércio e serviços (22,7%), em 1990, para um peso de 17,5% da indústria transformadora. Mas a partir de 1991, a percentagem da indústria subiria para 39,6%, alcançando os 59,52%, em 1993.

Em três anos (1993, 1994 e 1995), embora se tenha verificado uma redução do número de Sociedades de Capital de Risco (de 29 SRC, em 1991, para 17, em 1994), os indicadores-chave do sector continuaram a crescer. Este crescimento ficou a dever-se, em grande parte, ao apoio dos fundos públicos, que passaram a corresponder a mais de 40% do total de fundos sob gestão. Desde então, tem-se verificado um abrandamento do ritmo de investimento, embora tenha havido um aumento dos fundos afectos ao capital de risco. O aumento do volume de fundos afectos à actividade de capital de risco deveu-se à possibilidade das SCR gerirem fundos de investimento (FCR e FRIE). Verificou-se, assim, um aumento de 28,2 milhões de contos (140,6 milhões de euros) do total dos fundos disponíveis em 1992 para um total de 77,7 milhões de contos (387,5 milhões de euros), em 1998. Por outro lado, os desafios colocados às empresas como resultado do 'mercado aberto' proporcionaram às sociedades de capital de risco oportunidades para entrarem para o capital social de pequenas e médias empresas com necessidades de reestruturação, modernização e expansão internacional, por forma a poderem concorrer no novo espaço europeu.

Todo este cenário foi consequência dos efeitos de uma conjuntura económica desfavorável sobre a generalidade das SCR, o que induziu à tomada de políticas de desinvestimento implementadas por estas sociedades. Outro factor que contribuiu para esta situação foi todo um conjunto de dificuldades acrescidas em alienar as participações face à inexistência em Portugal de um verdadeiro mercado de títulos dirigido para as PME. Ao contrário de 1995, quando os bancos representavam 81% dos fundos captados, em 1996, o sector público e os bancos contribuíram, aproximadamente, com um terço do total captado. Tal como nos anos anteriores, todo o capital de risco captado teve origem no país.

O número total de investimentos também caiu, de 137 em 1995, para 74, em 1996. Assim, o total investido sofreu uma quebra, de 10,7 para 6,7 milhões de contos (de 53,3 milhões para 33,4 milhões de euros). Não houve investimentos de capital semente e o total investido no financiamento de *start up* caiu para 5,4% do total. O financiamento da expansão de empresas continuou a representar a maior fatia do mercado em 1996 (67,6% do total investido) e até 1998. Três *buyout* registados ao longo

CAPITAL DE RISCO

do ano (1996) corresponderam a 10% do mercado. A maioria das saídas consumou-se pela venda das participações, mas os analistas do mercado consideravam que Portugal deveria beneficiar de um segundo mercado, que constituiria um instrumento precioso para as PME se financiarem e as capitais de risco alienarem as suas participações.

Em 1997, o total de capital de risco captado subiu para 10,4 milhões de contos (51,8 milhões de euros), para voltar a cair ligeiramente no ano seguinte, para 9,4 milhões (46,8 milhões de euros). Os bancos corresponderam a 47% dos fundos captados (contra 64%, em 1997), obtendo ganhos de capital disponíveis para reinvestimento (10%). O número total de investimentos diminuiu, de 79, em 1997, para 68, em 1998; e o total investido, de 12,5 milhões de contos para 10 milhões (de 62,3 milhões para 49,8 milhões de euros). No entanto, o número de investimentos em *start up* duplicou, comparado com o de 97. O montante investido no seu financiamento aumentou em 20% e correspondeu a 26,3% do total, contra 17,5%, no ano anterior. Em 1997, destaque ainda para o investimento no sector dos serviços financeiros, que representou 55,6% do total, contra 19,4% no comércio e serviços, e apenas 11,8% na indústria. As Ofertas Públicas de Vendas de empresas financiadas por capitais de risco eram raras. Em 1998, só 6,3% do total de desinvestimentos recorreu a este veículo.

No ano 2000, o total de capital de risco captado aumentou significativamente, de 71 milhões, em 1999, para 151,7 milhões de euros. Ao adicionarem mais 58 milhões de euros, os bancos passaram a ser responsáveis por 64,8% dos fundos captados, contra 51%, em 1999. Os ganhos de capital quase triplicaram no ano 2000 e representaram 41% dos fundos captados. Com a excepção de 1999, todos os fundos foram captados em Portugal. O número total de investimentos aumentou, de 95, em 1999, para 161, em 2000 (95% dos quais correspondendo a novos investimentos); e o montante total investido subiu, de 118,6 milhões de euros para 183,2 milhões. A maioria dos fundos investiu em companhias fechadas (54%), maioritariamente controladas por bancos, o que ficou consideravelmente abaixo dos 86% de 1999. O montante investido em *start up* aumentou, de 23, em 1999, para 69, em 2000, somando um total de 30,8 milhões de euros; e os investimentos de expansão aumentaram, de 48, em 1999, para 76, em 2000. Nesse ano, o número de desinvestimento por *write off*, caiu de 12,1%, em 1999, para 3,7%.

## INVESTIMENTO NA DÉCADA DE 2000

Na sequência de uma quebra de 26%, em 2001, os capitais realizados sofreram uma diminuição adicional de 57% em 2002, descendo para 20 milhões de euros e representando 27% do total de fundos captados. Numa ligeira mudança de padrões, 11% dos fundos captados eram provenientes de fontes não domésticas, a primeira vez desde 1999, dado que em 2000 e 2001, a totalidade dos fundos foi captada internamente. Assim, o total de fundos de capital de risco captado pelas instituições gestoras continuou a diminuir significativamente em 2002, caindo 39%, para 72 milhões de euros (de 118 milhões de euros, em 2001). Os bancos contribuíram com 48% do total de fundos captados e as agências públicas mais do que duplicaram as suas contribuições, subindo para 22 milhões de euros, em 2002. A alocação de fundos para as tecnológicas manteve-se em 16 milhões de euros (23% do total), enquanto as não tecnológicas em desenvolvimento ou expansão viram as suas alocações diminuir em 65%, embora mantendo a fatia mais significativa, com 41% do total de fundos captados.

Em 2002, o número de investimentos aumentou ligeiramente, de 87, em 2001, para 94, em 2002, tal como o número de companhias em que se realizaram investimentos, de 68 para 80. O montante total de investimento diminuiu, de 108 milhões de euros, em 2001, para 69 milhões, em 2002, o que correspondeu a uma quebra de 37%. O número de investimentos em *start-up* aumentou, de 27, em 2001, para 32, em 2002, mas diminuindo em valor, de 16 para 10 milhões de euros. Os investimentos em *buyout* caíram, de 30 milhões de euros, em 2001 para 7 milhões, em 2002, correspondendo a um decréscimo de 77%. Os investimentos em alta tecnologia cifraram-se em, apenas, dois milhões de euros (3% do total de investimento), um valor muito inferior aos 25 milhões de euros (23% do total), em 2001.

Todos os meios de desinvestimento diminuíram em 2002, à excepção do reembolso dos principais empréstimos, que mais do que triplicaram, para 10 milhões de euros, representando agora 13% do total de desinvestimento. Um total de 76 milhões de euros foi desinvestido em Portugal, em 2002. Pelo segundo ano consecutivo, o desinvestimento por venda no mercado foi a saída preferida, correspondendo a 37 milhões de euros (48% do total de desinvestimento). Tal como em 2001, não houve desinvestimento sob a forma de IPO. Em termos de números, a alienação aos gestores (*buy back*) foi de longe o mais significativo, com 33 desinvestimentos em 2002.

CAPITAL DE RISCO

Em 2004, o mercado do capital de risco português conheceu um aumento geral do montante de fundos, do valor do investimento e do desinvestimento, relativamente a 2003. Os fundos captados praticamente duplicaram, de 125 para 248 milhões euros, com um aumento dos *buyout*, de 11% para 23% do total de fundos captados. O investimento na expansão e desenvolvimento das tecnológicas aumentou igualmente a sua alocação, de 6 milhões de euros, em 2003, para 51 milhões de euros, em 2004. Os bancos constituíram a maior fonte de recursos captados, aumentando o seu volume, de 24 milhões para 170 milhões de euros e a sua quota relativa, de 24% para 73%. Indivíduos e fundos de pensões tiveram impacte, pela primeira vez, em 2004, com os privados a elevarem o seu volume de fundos, de um milhão para 12 milhões de euros, e os fundos de pensões, de zero para 22 milhões de euros. Em contrapartida, os investimentos das agências públicas e investidores institucionais diminuíram consideravelmente em 2004, mais de 50% em volume. Os capitais realizados diminuíram aproximadamente 48%, de 26 milhões para 14 milhões de euros.

Depois de um interregno em 2003, os investidores de outros países europeus voltaram a investir em capital de risco português. O volume é nitidamente maior do que o de 2002, de oito milhões de euros para 98 milhões, em 2004, o que representa aproximadamente 40% do total de fundos captados, contra 11%, em 2002. O volume total investido em 2004 aumentou 45%, para 161 milhões de euros. Este crescimento é consistente com o aumento de volume registado desde 2002. Os investimentos iniciais subiram de 57% para 72% do total investido, enquanto os investimentos de continuidade (*follow on*) viram diminuir a sua quota, de 43%, em 2003, para 28%. O número total de investimentos aumentou, de 157 para 162 e o total de empresas que receberam fundos também aumentou, de 110, em 2003, para 122, em 2004.

O sector dos bens de consumo assistiu a um aumento significativo, quer no montante investido como na percentagem de quota. O total investido neste sector mais do que duplicou, de 33 milhões de euros, em 2003, para 79 milhões de euros, em 2004. Os sectores da medicina e da saúde também registaram um aumento no investimento, de um milhão e meio, em 2003, para 18 milhões, em 2004. Por sua vez, os produtos e serviços industriais beneficiaram de um aumento, de um milhão e 200 mil euros, em 2003, para 15 milhões de euros, em 2004. Em contrapartida, o sector das comunicações registou um declínio, de 15 milhões de euros para 186 mil euros, no total investido e o montante investido em tecnológicas

## 3 · EVOLUÇÃO ESTATÍSTICA EM PORTUGAL E NA EUROPA NOS ÚLTIMOS 20 ANOS

sofreu uma descida, de 19 milhões de euros, em 2003, para 15 milhões de euros, em 2004. O total desinvestido em 2004, ascendeu a 96 milhões de euros, correspondendo a um aumento de 37%, face aos 70 milhões de euros, de 2003.

Em 2005, os indicadores revelaram uma evolução muito favorável da actividade do capital de risco, assumindo o sector um papel cada vez mais evidente na economia nacional. Os fundos sob gestão cresceram 20% e superaram a barreira dos 1000 milhões de euros (1.158 milhões de euros) e o *portfolio at cost* cresceu 55% relativamente ao ano de 2004. A existência de um crescimento superior do valor do *portfolio at cost* relativamente aos fundos sob gestão, revela uma redução dos fundos não aplicados. Deve ser realçado que, em 2005 realizou-se uma operação de *buyout* de 100 milhões de euros que envolveu valores bastante acima da média do mercado nacional e que influenciou positivamente estes indicadores, bem como o valor de investimento registado neste ano. Durante 2005, foram criadas duas novas sociedades de capital de risco, sendo assim consideradas nesta análise, um total de 22 sociedades.

Em 2005, o valor médio dos fundos sob gestão destas 22 sociedades foi de 53 milhões de euros, enquanto o valor médio do *portfolio at cost* foi de 30 milhões de euros. A captação de fundos aumentou 35,4%, em 2005, em comparação com o ano anterior e atingiu os 298 milhões de euros. Os ganhos de capital passaram dos 13 milhões de euros, em 2004, para os 24 milhões de euros, em 2005, fruto do elevado montante de vendas de participações (o desinvestimento cresceu cerca de 88%). O valor do investimento alcançou os 245 milhões de euros e abrangeu 135 empresas, enquanto o desinvestimento em 90 participações financeiras atingiu 176 milhões de euros. Estes valores são os mais elevados e sempre e resultaram num saldo positivo do investimento face ao desinvestimento de 69 milhões de euros (mais 38 milhões que no ano de 2004). O peso de novos investimentos no investimento total foi de 81%, um valor nunca antes alcançado. A maioria do investimento continua a ser efectuado por sociedades de capitais públicos (79%). O investimento por estas efectuado cresceu 147%, contra apenas 13% das sociedades de capitais privados.

Contrariando a tendência que se verificava desde 2001, a fase de expansão não foi a que registou maior investimento em 2005. Os investimentos de expansão diminuíram cerca de 4% relativamente ao máximo atingido em 2004. A substituição de capital foi o contexto em que se realizou mais investimento durante o ano de 2005. Os 116 milhões alcançados devem-se

CAPITAL DE RISCO

essencialmente a uma grande aquisição já atrás referida de 100 milhões de euros. Em número de empresas visadas a fase de expansão perde também a sua predominância, neste caso para a fase de *start up*. Deve ser salientado o significativo aumento dos investimentos em projectos semente (*seed*): 13 investimentos num valor global de cerca de 4,3 milhões. Estes investimentos passaram de, praticamente 0% para 2% do valor total dos investimentos. O sector de produtos e serviços industriais liderou o investimento sectorial com quase 131 milhões de euros, representando mais de metade do investimento total. No entanto, é importante notar que mesmo excluindo o referido negócio de 100 milhões de euros, este sector apresentaria um crescimento para quase o triplo em valor e de mais de 75% em números de empresas investidas. Relativamente ao sector de outros serviços houve também um aumento de cerca de 35% em volume de negócio, continuando este a representar uma das maiores fatias do total. Importante também notar é o desempenho do sector da informática, que inclui alguns negócios de Internet, e que viu o valor dos investimentos aumentar a sua quota, de 1% para 5% do total das transacções.

Os desinvestimentos em Portugal, seguindo a tendência europeia, também evidenciaram um recorde absoluto de capital liberto, a preço de custo. A indústria nacional de capital de risco desinvestiu em 90 empresas no valor de 176 milhões de euros. A modalidade de desinvestimento mais utilizada foi o reembolso de empréstimos ou de acções preferenciais em 40 empresas com o valor total de quase 98 milhões de euros, contra os 15 milhões de euros em 2004. A segunda modalidade mais utilizada foi a venda aos gestores, por um valor de 44 milhões de euros, mais 35 milhões que no ano anterior. A venda a empresas do mesmo sector (*trade sale*) diminuiu em número de operações (menos 46%) e em valor (menos 16%), tendo sido esta modalidade a terceira mais utilizada durante o ano. Relativamente ao ano anterior existiu também uma queda substancial dos *write off* e das transferências entre sociedades de capital de risco e não existiram quaisquer Ofertas Públicas.

Também a nível europeu, o ano de 2005 ficou marcado pela superação de valores históricos da actividade de capital de risco nas suas mais relevantes vertentes. A angariação de fundos por parte das empresas de capital de risco na Europa apresentou um crescimento significativo, tendo o valor de 2005 duplicado em relação a 2004. Do valor de 60 mil milhões de euros captados, a maioria foi alocada a *buyout* sendo os fundos de investimento em fases iniciais os segundos mais visados. Os valores de

3 · EVOLUÇÃO ESTATÍSTICA EM PORTUGAL E NA EUROPA NOS ÚLTIMOS 20 ANOS

investimento em 2005 apresentam um aumento de 16,5% relativamente ao ano anterior. O montante total de 43 mil milhões de euros representa o maior valor anual de todos os tempos. O valor do desinvestimento a preço de custo representou também por si um novo recorde. O valor de 24 mil milhões de euros deve-se em 25% à modalidade de *trade sale* e em 18% à venda a outras sociedades de capital de risco, notando-se um significante decréscimo nos *write off* e um número ainda modesto de Ofertas Públicas. Outra tendência verificada é o investimento em mercados emergentes como a China, Índia e Europa de Leste, e em sectores como as energias alternativas, biotecnologia e tecnologias de informação.

Após o ano de 2005, em que o capital de risco nacional atingiu níveis máximos, o ano de 2006 continuou a mostrar indicadores positivos. É o caso do volume de fundos sob gestão e do valor de custos dos portfólios das sociedades nacionais, que continuaram a crescer e voltaram a registar máximos históricos. Estas sociedades de capital de risco geriam, no final de 2006, mais de 1300 milhões de euros, com um total de 782 milhões de euros aplicados em investimentos. Em termos de fundos sob gestão notou-se um crescimento de 14% face ao ano anterior enquanto em *portfolio at cost* o aumento foi de 17%. Apesar de a percentagem de fundos aplicados (*portfolio at cost*/fundos sob gestão) ter aumentado para 59% e uma vez que o crescimento absoluto dos fundos sob gestão foi maior que o dos portfólios, constatou-se um aumento dos fundos não aplicados (a diferença entre fundos e portfólio), o que significou mais fundos disponíveis para investimento futuro. Em 2006, os fundos médios por sociedade eram de cerca de 51 milhões de euros e o portfólio médio de mais de 30 milhões de euros. Importa ainda registar a entrada de quatro novas sociedades de capital de risco, considerando-se no final do ano 26 sociedades.

A captação anual de fundos sofreu uma acentuada quebra para o valor mais baixo desde 2004. Após dois anos de valores máximos neste indicador, o montante de fundos angariados sofreu uma queda de mais de 72% para cerca de 81 milhões de euros, face aos 298 milhões de euros de 2005. Os ganhos de capital decresceram de 24 milhões de euros, em 2005, para apenas quatro milhões de euros, em 2006. Em termos de investidores em fundos de capital de risco, o grupo que mais investe continua a ser a banca (70%), seguida do sector público (19%). O decréscimo nestes valores foi geral a todos os tipos de investidor. Geograficamente, apenas 6% dos fundos angariados vieram de fora de Portugal.

CAPITAL DE RISCO

O total dos montantes de investimento por sociedades de capital de risco, apesar da evolução negativa face ao ano anterior, manteve-se acima dos valores registados até 2005. O montante total de investimentos de 180 milhões de euros, registado em 2006, é superior em 45% ao verificado em 2004. Tendência contrária verificou-se no número de empresas alvo de investimento. Em 2006, este número aumentou para 143, mais oito do quem em igual período de 2005. Após as sociedades terem aproveitado o ano de 2005 para saírem de muitos dos seus investimentos, com cerca de 176 milhões de euros em desinvestimentos a preço de custo, em 2006, este indicador esteve próximo do mínimo dos últimos anos com cerca de 71 milhões de euros. Ainda relativamente aos investimentos, nota-se, neste ano, que o peso dos novos investimentos (71%) se manteve a níveis de 2004, apesar de decrescer relativamente a 2005. Do total do investimento realizado em 2006, 16% do total foi realizado fora de Portugal.

Como tem sido usual no investimento das sociedades de capital de risco, à excepção do ano de 2005, as empresas em fase de expansão foram as que mais capital amealharam, correspondendo a 49% dos 180 milhões de euros de investimento, seguindo-se a modalidade de *buyout*. Esta última foi, de resto, das poucas modalidades de investimento em que o volume de capitais aplicados aumentou relativamente ao ano anterior. Também a fase *seed* viu o montante de investimento aumentar pelo segundo ano consecutivo. Tal como em 2005, a maioria das empresas em que o capital de risco foi investido (cerca de 40%) eram empresas em fase de *start up*, sendo que o capital investido nestas correspondeu a, apenas, 10% do volume de investimento. Isto deve-se ao facto de as sociedades investirem, em média, menos por cada empresa *start up*, sendo que os valores médios mais elevados corresponderem em primeiro lugar a *buyout* e, em segundo lugar, a empresas em expansão.

Os sectores de actividade que experimentaram, em 2006, maiores entradas de capital de risco foram, respectivamente, serviços gerais, pro-dutos e serviços industriais, informática e computadores, bens de consumo e energia. Importa notar que o aumento que se verificou em empresas no sector da informática e computadores que, em 2006, ultrapassou o valor que havia sido investido em 2001 neste mesmo sector. Isto após o ano de 2005 já ter dado sinais de franca recuperação. Ainda o sector da energia viu entrar um montante quase seis vezes superior ao investimento do ano anterior, e o sector das comunicações voltou a crescer após a queda abrupta de 2005. O maior aumento relativo a 2005, diz respeito a *write off*, modalidade de desinvestimento em que saíram do portfólio das sociedades cinco milhões de euros, em 10 empresas.

Mais uma vez, em 2006, os dados da actividade de capital de risco divulgados pela European Private Equity & Venture Capital Association (EVCA) demonstram um ano de crescimento no sector. Movidos pelo desempenho das aplicações que gerem, pela crescente actividade de M&A (*mergers and aquisitions*) e pelo baixo custo da dívida, os fundos de *private equity* atraem cada vez mais investidores e realizam investimentos mais significativos. Com uma taxa de retorno, na Europa, de 21,3%, o capital de risco revela-se um investimento muito atractivo. Pelo segundo ano consecutivo, as sociedades de capital de risco europeias estabeleceram um máximo para o montante de fundos angariados. O valor de 90 mil milhões de euros representa um crescimento de cerca de 25%, relativamente a 2005. Cerca de 71 mil milhões de euros dos fundos foram recolhidos por fundos de *buyout*, enquanto os restantes, destinados a *venture capital*, representam o maior valor levantado para estes fundos desde o máximo histórico do ano 2000. O valor de investimento realizado, em 2006, por sociedades de capital de risco europeias ascende a 50 mil milhões de euros, dos quais 78% correspondem a *buyout*. Em termos de número de operações, o investimento em *venture capital* representa cerca de 73% do total de cerca de 8500 operações de investimento. O valor médio por investimento em *buyout* foi, em 2006, de 17 milhões de euros, o que denota a especial apetência das sociedades por investimento em pequenas e médias empresas.

O montante, a preço de custo, dos desinvestimentos de *private equity* na Europa decresceu em 2006 para 22 mil milhões de euros, uma quebra de 27%. No entanto, notou-se que as vendas à gestão (*buyback*) tiveram um expressivo aumento de 37,5% e as vendas a empresas do sector (*trade sale*) representaram a maior parte do valor de desinvestimento. O peso destas duas modalidades de saída pode representar, segundo a EVCA, um reconhecimento pelos gestores e pelos sectores do acréscimo de valor trazido pelas sociedades de capital de risco aos negócios.

Em 2007, foram registadas pela CMVM três novas sociedades de capital de risco: ECS – SCR, SA., Enotum Capital – SCR, SA e Naves – SCR, SA e foi solicitado o cancelamento do registo da Vencorp – SCR, SA com fundamento na sua dissolução e liquidação. Foram também registados três novos fundos: Fundo Albuquerque – FCR, Espírito Santo Infrastructure Fund I, FCR e FCR PME Capital Finicia, tendo o fundo FIQ API Capital I, sido objecto de fusão por incorporação no FCR API Grandes Projectos de

Investimento em Agosto de 2007 (o FCR Explorer II registado em 2006, só iniciou actividade em Abril de 2007).

Os montantes sob gestão das SCR e dos FCR (VLGF) atingiram 1.525 milhões de euros no final do ano, o que representa um acréscimo de 48,19% face ao ano anterior.

O crescimento verificado foi de 53,73% nos FCR e de 25,38% nas SCR. As 3 novas SCR e os 4 novos FCR contribuíram respectivamente, com 2,87 e 148,55 milhões de euros para o montante sob gestão e são responsáveis por 9,93% do aumento desse valor. Verificou-se um ligeiro acréscimo da percentagem de investimentos em capital de risco através de FCR em detrimento das SCR, conduzindo à expansão da quota de mercado dos FCR (83,84%, face a 80,81% em 2006) já que o ritmo de crescimento destes é superior. À semelhança do que se tem verificado nos últimos anos, o desenvolvimento da actividade de capital de risco evidencia uma maior utilização da figura dos FCR em detrimento da gestão directa através das SCR. As aquisições continuam a ser preponderantes, apesar do aumento do seu valor ser inferior ao do valor das alienações. Esta preponderância tem vindo a acentuar-se com a entrada de novos FCR e SCR e com o crescimento do mercado.

Uma vez que as participações só podem ser contabilizadas pelo valor de aquisição durante os primeiros doze meses da sua detenção, a percentagem destas no património serve também de indicador do crescimento do sector do capital de risco. A maior expressividade destas participações nos FCR (114, correspondendo a 23% dos financiamentos) demonstra o seu maior dinamismo. Nas carteiras relativas ao segundo semestre de 2007, verifica-se que a maioria dos investimentos das SCR e dos FCR consiste na aquisição de participações no capital social. No caso das SCR também os investimentos efectuados em unidades de participação de FCR (normalmente geridos pelas próprias) têm um peso significativo que corresponde a 20,51% do montante sob gestão. No que respeita a carteira global dos FCR e não obstante o novo regime jurídico o permitir, nenhum fundo investiu noutros FCR.

O potencial de investimento situa-se, no final do ano e em termos do mercado global, em 48,27%. O potencial de investimento dos FCR (51,25%) é significativamente superior ao das SCR (32,84%), o que reflecte a entrada recente de alguns fundos no mercado. Considerando-se apenas o capital subscrito e não realizado como indicador de potencial de investimento das SCR e FCR este situar-se-ia, respectivamente, nos 0,80%

e 38,01%. As SCR investem maioritariamente em empresas classificadas no sector das actividades imobiliárias, alugueres e serviços prestados às empresas (33,18%). Este sector inclui predominantemente o investimento nas sociedades gestoras de participações sociais. De forma menos acentuada (17,28%), o investimento das SCR é realizado no sector das actividades financeiras, para o que contribuem os investimentos realizados em fundos de capital de risco. No que respeita aos FCR, destaca-se o investimento em empresas classificadas no sector das actividades imobiliárias, alugueres e serviços prestados às empresas (55,59%), seguido das empresas da indústria transformadora (24,73%).

Comparando a informação reportada pelas SCR, com referência a 2006 e a 2007, constata-se que, em termos anuais, ocorreu uma redução do peso nos sectores das actividades financeiras (menos 41,68%) e das indústrias transformadoras (menos 37,66%). No mesmo período, as SCR reforçaram a sua posição nos sectores das actividades imobiliárias, alugueres e serviços prestados às empresas (mais 88,45%); outras actividades de serviços colectivos, sociais e pessoais (mais 45,17%); comércio por grosso e a retalho; reparação de veículos automóveis, motociclos e de bens de uso pessoal e doméstico (mais 31,15%). O peso dos sectores predominantes nos investimentos dos FCR foi reforçado, com um crescimento muito significativo (78,06%) do peso do sector das actividades imobiliárias, alugueres e serviços prestados às empresas e do sector do comércio por grosso e a retalho; reparação de veículos automóveis, motociclos e de bens de uso pessoal e doméstico (7,18%).

As SCR evidenciam um forte investimento em empresas em fase de expansão e um desinvestimento acentuado em empresas em fase de *turnaround*, apesar do maior número de participações ser direccionado para *start up*. Tal como as SCR, os FCR também investem maioritariamente em empresas em fase de expansão seguidas de empresas classificadas como *start up*. À semelhança das SCR, também os FCR demonstram um desinvestimento em empresas em fase de *turnaround*.

Os investimentos efectuados atingem 195 milhões de euros e os desinvestimentos ascendem a 124 milhões de euros. Em termos líquidos os reforços das participações accionistas detidas atingem 71 milhões de euros, sendo os FCR directamente responsáveis por 74,59% deste montante. Em termos globais (SCR + FCR) os investimentos em *start up* e em *expansão* prevalecem sobre as restantes fases, atingindo em termos líquidos, respectivamente, 50 e 46 milhões de euros. As aplicações de *turnaround*

CAPITAL DE RISCO

evidenciam o maior desinvestimento (39 milhões de euros). Enquanto os FCR reforçaram as participações em capital social ao longo de todo o ano, as SCR foram significativamente mais activas no primeiro semestre.

No que respeita ao investimento directo das SCR em capital social, as participações inferiores a 10% do capital representam 43,48% do número de participações em carteira e 58,78% do respectivo valor. Nos FCR, as participações no capital inferiores a 10%, representam 23,81% do valor de participações e 26,38% do número de participações em carteira, sendo este um valor significativamente inferior ao evidenciado pelas SCR, onde a classe modal em ambos os indicadores se situa sempre no intervalo (0% – 10%). Nos FCR a classe modal em termos de valor situa-se no intervalo (10% – 20%), enquanto em número de participações estão no intervalo (0% – 10%).

No ano em análise as SCR e os FCR desinvestiram 123,84 milhões de euros, apesar do saldo entre aquisições e alienações evidenciar um valor positivo de 71,42 milhões de euros, valor que indicia um crescimento do mercado. As SCR são responsáveis por 19,46% do montante desinvestido, enquanto os FCR representam 80,54%. Em termos semestrais, tanto as SCR como os FCR têm vindo a registar um crescimento sustentado do volume de transacções, o que ilustra o crescente dinamismo do sector.

O montante total dos desinvestimentos (SCR + FCR) ascendeu a 124 milhões de euros dos quais 57,61% corresponderam a vendas a terceiros. Porém, considerando como critério o número de transacções de alienação reportadas, a estratégia de desinvestimento predominante foi a recompra pela equipa de gestão ou accionistas (38,57%). Ao longo do ano, as SCR desinvestiram 24 milhões de euros enquanto os desinvestimentos realizados pelos FCR atingiram 99,7 milhões de euros. Em termos de montantes transaccionados, 63,69% das alienações dos FCR foram realizadas através da venda a terceiros, enquanto a estratégia de saída predominante nas SCR (41,58%) foi a recompra pela equipa de gestão ou accionistas. Considerando o número de transacções reportadas os FCR (48,98%) optam pela recompra pela equipa de gestão ou accionistas enquanto nas SCR (38,10%) prevalece a venda a terceiros.

As SCR e os FCR investem maioritariamente em empresas residentes que correspondem, respectivamente, a 87,21% e 82,43% do total dos investimentos. No entanto, o processo de internacionalização tem vindo a ganhar peso. Os FCR têm demonstrado maior dinamismo do que as SCR na realização de investimentos em entidades não residentes, cujo

## 3 · EVOLUÇÃO ESTATÍSTICA EM PORTUGAL E NA EUROPA NOS ÚLTIMOS 20 ANOS

valor atingiu 104.728 milhares de euros o que representa 17,57% das respectivas aplicações. As SCR por seu turno reflectem uma postura mais conservadora. As aplicações em entidades não residentes têm um peso de 12,79%, ligeiramente inferior ao verificado nos FCR. Este rácio reduziu-se face a 2006 (13,13%). As SCR centram os seus investimentos externos em Espanha (99,09%) e os FCR em Espanha (48,37%), no Luxemburgo (13,70%), e no Reino Unido (11,90%).

O período médio de detenção das participações em carteira nas SCR era, no final do ano em análise, de 4,57 anos enquanto nos FCR era de 2,91 anos. Esta diferença resulta dos novos fundos que iniciaram a sua actividade nos anos de 2006 e 2007 e que consequentemente contribuem para o encurtamento do período médio de detenção das participações em carteira. Em termos de número de participações, 21% da carteira das SCR é composta por participações sociais detidas por um período superior a 8 anos, enquanto nos FCR esta percentagem é apenas de 0,46%. Globalmente, tanto nas SCR como nos FCR o saldo é negativo, respectivamente em 5,57% e 3,51% do investimento. Na carteira global das SCR, 28 participações (20,29%) no capital social evidenciam uma valorização nula. Da mesma forma, 54 participações (16,56%) no capital social da carteira global dos FCR reportam uma valorização nula.

## CRISE FINANCEIRA INTERNACIONAL

Os montantes geridos por entidades que desenvolvem a actividade de capital de risco são ainda relativamente incipientes, existindo margem para que este sector contribua de forma mais significativa para o fomento do desenvolvimento económico nacional. Com efeito, o peso dos montantes sob gestão por sociedades de capital de risco e fundos de capital de risco situava-se no final de 2008 em cerca de 0,9% do PIB. Acresce que, em 2008, a expressão dos investimentos realizados em capital de risco no PIB (0,2%) foi inferior a metade do verificado na Europa (0,5%).

A evolução do número de operadores em actividade tem sido ténue (apenas um aumento líquido de dois FCR e de três entidades gestoras de capital de risco, entre 2006 e 2008), tendo-se inclusive registado uma diminuição de 3,5% dos montantes sob gestão face a 2007. Este facto não pode ser dissociado da crise que afectou os mercados financeiros e que se repercutiu também ao nível da actividade de capital de risco.

CAPITAL DE RISCO

Durante o ano de 2008, a captação de fundos reduziu-se para um montante de 15 milhões de euros. Este valor estabelece um mínimo na captação de fundos em Portugal, após um ano de 2007 excepcional (452 milhões de euros de fundos captados) influenciado por captações muito avultadas feitas por duas sociedades. O volume captado foi essencialmente angariado por fundos independentes. As restantes categorias de captação de fundos, quer por via de fundos pertencentes a grandes instituições financeiras (*captive vehicles*), quer por via de ganhos de capital realizados, apresentaram montantes excepcionalmente reduzidos.

Os efeitos da crise internacional foram também notórios no plano europeu. De facto, não obstante o capital recolhido para o investimento em capital de risco ter aumentado em 2008, a afectação desses montantes a investimentos concretos em empresas europeias de capital de risco reduziu-se em cerca de 50% face a 2007. Porém, se for considerado o período 2003-2008, observa-se uma taxa média anual de crescimento de 32,7% dos valores geridos, o que é tradutor de uma dinâmica relevante no sector. Ainda que este crescimento se deva, em parte, ao facto dos valores de partida serem relativamente baixos, o mesmo não pode ser dissociado da profunda revisão de que, em 2003, foi alvo o regime jurídico que enquadra o sector.

O investimento registado durante o ano de 2008 (396 milhões de euros), corresponde a um crescimento de 134% face ao ano de 2007. Em 2008, o saldo líquido de investimento apresenta uma variação positiva face a 2007. A variação positiva deste saldo é explicada sobretudo pelo aumento considerável do investimento, apesar de se ter registado um crescimento do desinvestimento. No ano de 2008, o capital liberto resultante de saídas de investimentos foi de 135 milhões de euros, um valor consideravelmente superior aos 86 milhões de euros registados em 2007, o que equivale a um aumento de 57%, em sentido contrário à tendência europeia. Nesta rubrica, a modalidade que registou valores mais elevados foi *trade sale* (96 milhões de euros). Esta modalidade representou cerca de 71% do capital liberto tendo apresentado um crescimento de 50% face aos 64 milhões de euros verificados no ano anterior.

A segunda e terceira modalidades com maior importância no desinvestimento foram, respectivamente, a venda à gestão (*management buy out*) e o desinvestimento por via de *silent partnerships*, com 10% e 7% do total, o que equivale a cerca de 13,9 milhões de euros e 10 milhões de euros de capital liberto. De salientar que durante o ano de 2008 não se verificou qualquer desinvestimento sob a forma de abatimento de dívida (*write off*), venda a outra sociedade de capital de risco ou oferta pública.

Durante o ano de 2008, foram alvo de desinvestimento 59 empresas, ou seja, mais 11 do que em 2007, contrariando a tendência de redução observada desde 2003. O valor médio de desinvestimento aumentou em 2008 face a 2007, de um milhão e 800 mil euros para 2,29 milhões de euros por operação.

Sem prejuízo de se verificar um ligeiro aumento relativo da actividade de capital de risco via patrimónios autónomos (FCR), a repartição da quota de mercado entre FCR e SCR tem-se mantido relativamente estável (entre 80-85% para os FCR e 15-20% para as SCR). No que respeita à quota de mercado por entidade gestora, verifica-se uma concentração significativa do sector. Cerca de dois terços do valor gerido é atribuível às cinco maiores entidades gestoras. Ao invés, a metade das entidades gestoras que possuem menor quota representa apenas 6% do mercado. Já no que concerne à dimensão média dos FCR nacionais, o valor registado (30,5 milhões de euros) é relativamente diminuto (apenas sete sociedades gestoras gerem fundos com valor médio superior), designadamente quando comparado com a média europeia (cerca de 336 milhões de euros). Esta realidade reforça a ideia, já referida, de que a indústria nacional carece de maior dimensão, designadamente no que respeita ao reforço da capitalização média dos FCR. Apesar deste facto, é de salientar que os investimentos realizados pelas SCR e pelos FCR têm sido fundamentalmente canalizados para o tecido empresarial nacional, uma vez que cerca de 85% dos investimentos são efectuados em empresas de capital de risco portuguesas (equivalendo a um total de 476 participações). No entanto, o crescimento face a 2007 foi mais expressivo nas participações em capital social de empresas não cotadas não residentes (76%) do que em empresas residentes (11,7%), situação oposta à verificada no caso de participações em capital social de empresas cotadas. Por outro lado, não obstante a descida global dos montantes sob gestão (– 3,5%), o valor dos investimentos em capital de risco registou um crescimento de 17,3% face a 2007. Estes investimentos foram essencialmente financiados pela realização, em 2008, de capital outrora subscrito.

Como seria expectável, as participações em capital social em empresas cotadas assumem uma expressão meramente residual (3,5%) no contexto das participações totais em capital social, sendo as SCR mais activas no que respeita às participações em capital social de empresas cotadas residentes.

No final de 2008, o potencial de investimento situava-se em cerca de 35% do total do montante sob gestão, valor significativamente inferior ao registado no final de 2007 (cerca de 48%). Esta diminuição é explicada pela afectação de capital realizado em 2008 (e subscrito anteriormente) e de depósitos e outros activos a investimentos em empresas de capital de risco. Refira-se, por último, considerando conjuntamente as SCR e os FCR, que o peso relativo do número de participações, bem como do valor dos investimentos realizados, se manteve relativamente inalterado face a 2007.

Quanto à fase de aplicação dos investimentos, no ano de 2008, o *buyout* esteve em destaque com 72% do total do investimento, o que equivale a um crescimento de 204% face ao ano de 2007, em sentido contrário à tendência europeia. Do mesmo modo, em evidência pela positiva encontram-se os investimentos nas fases de *start up* e expansão que apresentaram crescimentos anuais de 104% (aumento líquido de 29 milhões de euros) e 34% (aumento líquido de 10 milhões de euros) face a 2007, respectivamente, e que representam conjuntamente 24% do total do investimento do período. De destacar o montante de investimento na fase de *start up* (57 milhões de euros) que apresentou em 2008 montantes superiores aos observados em qualquer ano desde 1997, sobretudo no contexto actual de recessão económica. Os projectos em fase de concepção (*seed*) não se verificaram durante o ano de 2008, contrariando a tendência dos últimos anos.

O investimento em capital de substituição manteve em 2008 a tendência observada nos últimos três anos, com montantes investidos de 17 milhões de euros. O maior número de sociedades envolvidas em investimentos verificou-se nas fases de *start up* (102), em linha com o observado nos últimos anos. O número de sociedades alvo de investimento na fase de *buyout* foi de 22, consideravelmente superior ao observado nos últimos anos (12, em 2006 e 11, em 2007). O investimento médio verificado em 2008 foi, naturalmente, impulsionado por um aumento no número de operações de *buyout* face ao ano anterior, tradicionalmente com maior volume.

O sector das energias foi alvo de 52% do montante total de investimento em 2008, perfazendo 204 milhões de euros, sendo um valor muito superior ao registado em 2007 (16 milhões de euros). Este sector apresentou este nível de investimento em 27 operações, o que corresponde a uma média considerável de 7,5 milhões de euros por operação. Os sectores de produtos e serviços de natureza industrial (20% do total) também se destacaram ao registar excelentes níveis de crescimento em 2008, relativamente a 2007. Pela negativa, destacaram-se os sectores

3 · EVOLUÇÃO ESTATÍSTICA EM PORTUGAL E NA EUROPA NOS ÚLTIMOS 20 ANOS

das comunicações, serviços ao consumidor e informática, com quedas de cerca de 80%, 63% e 40% face a 2007, respectivamente. Os sectores com maior volume médio de operações foram, naturalmente, as energias e os produtos e serviços industriais.

Além da desagregação dos montantes sob gestão por tipo de investimento, importa analisar os sectores de actividade que têm sido primordialmente seleccionados pelos operadores de capital de risco nacionais, bem como os estágios de evolução das empresas (fases do investimento) em que se verifica a entrada no capital por aqueles operadores. O sector de actividade em que o capital de risco predominantemente investe é o financeiro e de seguros. Este sector, em conjunto com o das indústrias transformadoras e com o de actividades de consultoria, científicas, técnicas e similares agregam cerca de 60% das aplicações do capital de risco. De notar que estes dois últimos sectores apresentam um valor acrescentado bruto (VAB) por trabalhador superior à média da economia nacional. O quarto sector (energético) que é alvo de maior investimento pelo capital de risco é o que apresenta um maior valor para este indicador de produtividade. Por outro lado, os investimentos em sectores em que este indicador de produtividade relativa é inferior à média (comércio por grosso e a retalho e reparação de veículos automóveis e motociclos, alojamento, restauração e similares, construção e actividades imobiliárias) representam apenas 12,5% dos investimentos do capital de risco. Esta realidade parece traduzir que o capital de risco em Portugal tem privilegiado o investimento em sectores de actividade já com algum grau de consolidação económica, ainda que nalguns casos o investimento se processe em fase de arranque ou de reestruturação das empresas.

Não obstante a redução global verificada nos montantes sob gestão, as operações de aquisição prevaleceram de forma significativa sobre as de alienação, tendo o investimento líquido ascendido a quase 200 milhões de euros. Como já referido, esta situação deveu-se à realização em 2008 de capital subscrito em momento anterior e que foi afecto a investimentos de capital de risco. Considerando as operações realizadas, quer por SCR, quer por FCR, a rotação anual das carteiras foi de 21,9% em 2008, valor inferior ao verificado em 2007 (31%). Esta redução é explicada pelo facto da rotação das carteiras ser calculada através do rácio (aquisições + alienações no ano)/valor sob gestão no ano anterior, uma vez que o valor sob gestão no final de 2007 aumentou cerca de 48% face ao do final de 2006. A evolução destes indicadores nos últimos três trimestres do ano em análise, evidencia um aumento progressivo do investimento líquido, ainda que no segundo trimestre de 2008 se tivesse verificado uma redução significativa do montante total de aquisições e alienações e, consequentemente, da rotação das carteiras. Este aumento progressivo do investimento líquido, associado à redução dos valores sob gestão em 2008, foi estreitando o potencial de investimento existente nas carteiras.

A decomposição das transacções efectuadas pelo capital de risco consoante às fases de investimento das empresas alvo permite avaliar os estágios de desenvolvimento das empresas em que se tem verificado uma maior aposta do capital de risco. Em 2008 foi dada preferência ao investimento em empresas em fase de arranque e a aquisições via MBO. Em linha com o já referido anteriormente, constata-se que o valor médio das transacções em empresas *start up* é significativamente inferior ao verificado quando as transacções envolvem operações de MBO. O financiamento de aquisições via refinanciamento da dívida bancária foi inexistente. Por outro lado, o investimento em capital de substituição (compra de acções já existentes a outro investidor de capital de risco ou a outros accionistas) registou um investimento líquido negativo.

O capital de risco intervém nas empresas em que participa não apenas enquanto agente financiador mas também, muitas vezes, com uma perspectiva de aconselhamento técnico e de envolvimento na gestão das participadas. Esta abordagem de cariz mais global é usualmente designada por *hands on*, por contraposição a outra em que o capital de risco se cinge a aportar capital às empresas (*hands off*). Ainda que a intervenção na gestão não esteja necessariamente dependente da dimensão da posição accionista assumida, constata-se que, no final de 2008, em 12,5% das participações detidas conjuntamente por sociedades de capital de risco e fundos de capital de risco existia um controlo maioritário accionista. Nestes casos, o capital de risco tem capacidade para determinar por si só os parâmetros de gestão das empresas participadas. Ao invés, em mais de 50% dos casos as participações não excedem 20% do capital social. Esta estrutura de detenção de capital social manteve-se relativamente inalterada face à situação vigente no final de 2007.

As estratégias de desinvestimento mais comumente utilizadas pelo capital de risco consistem na alienação das participações à equipa de gestão ou aos anteriores accionistas, bem como a terceiros. No seu conjunto, estas estratégias representaram cerca de 90%, quer do número de transacções, quer do valor das vendas efectuadas pelo capital de risco durante o ano de 2008. Verifica-se que o capital de risco não tem sido utilizado como veículo para trazer empresas para o mercado de capitais, uma vez que em nenhuma situação o desinvestimento se processou mediante alienação em oferta pública inicial. Em 2008, apesar de cerca de 65% das operações de alienação não terem resultado em menos valias para as SCR ou FCR, o saldo líquido do desinvestimento total efectuado (preço de transacção – preço de aquisição das diversas transacções) foi de menos 20,3 milhões de euros. Este saldo negativo é explicado pela existência de mais-valias em muitas transacções mas por vezes pouco expressivas e, ao invés, pela ocorrência de menos valias significativas, ainda que num menor número de transacções. No que respeita às fases de investimento em que o capital de risco alienou as suas participações, verifica-se que as empresas em expansão foram geradoras de menos valias de 24,4 milhões de euros e as *start up* permitiram um encaixe de mais-valias no valor de 4,1 milhões de euros. As restantes fases de investimento, consideradas globalmente, não geraram nem mais-valias, nem menos valias.

No que respeita a operações contratualizadas a prazo, verifica-se que cerca de 36% e 45% das participações detidas em carteira (vivas), respectivamente pelas SCR e FCR, eram objecto deste tipo de contrato tendente a alienação futura. As valias potenciais tendo em conta o valor presente deste tipo de contratos ascenderam a cerca de 40 milhões de euros, ou seja, cerca de 3% do valor total gerido pelo capital de risco. Este valor encontra-se porém (eventualmente) subestimado em virtude de na maioria dos casos os contratos não serem objecto de avaliação e subsequente reconhecimento patrimonial. Com efeito, mais de 75% dos contratos a prazo surgiam inscritos nas carteiras com um valor nulo.

Em 2008, de acordo com as estatísticas publicadas pela EVCA, o investimento total em valor ascendeu a 59 mil milhões de euros, o que correspondeu a uma diminuição na ordem dos 20%, relativamente a 2007. Em termos de número de empresas financiadas, registou-se um decréscimo na ordem dos 12%, o que representa uma redução no montante de operações, em 2008, próxima dos 15 mil milhões. De referir que se manteve a tendência de domínio das operações e *buyout* sobre os investimentos *venture capital*, com as operações de *buyout* a representarem 65% do total de investimento. Contrariamente à tendência observada nas operações de *buyout*, o investimento em fases iniciais (*venture capital*) apresentou, em 2008, níveis idênticos aos apresentados no ano anterior, na ordem dos 8000 milhões de euros.

CAPITAL DE RISCO

Mantendo a tendência registada em 2007, a angariação de fundos em 2008 registou valores idênticos a 2005, com 69 mil milhões de euros de fundos captados, o que representa um decréscimo d 15% face ao ano anterior. Em 2008, do valor total de fundos captados, 65% foram captados por fundos de *buyout*, num valor de cerca de 45 mil milhões de euros. Os fundos para investimento em fases iniciais (*venture capital*) captaram, durante este ano, 4000 milhões de euros, em linha com o observado em 2007. Os fundos de pensões foram os maiores investidores em fundos de capital de risco na Europa, com cerca de 16 mil milhões de euros, o correspondente a 23% do total. Em seguida, os fundos de fundos investiram 7,9 mil milhões de euros, 11% do total. As companhias de seguros angariaram cerca de 5000 milhões de euros, 7% do total. Em 2008, o Reino Unido e a Irlanda continuaram a ser a região da maioria dos fundos captados, apesar de se ter registado uma queda acentuada de 25% face a 2007.

O capital captado pelo capital de risco em 2009 superou o montante que se encontrava sob gestão em 2008. No entanto, o acréscimo ocorrido nos valores sob gestão em 2009 não teve uma correspondência directa nas verbas disponíveis para o financiamento de novos investimentos de capital de risco. Tal resultou de duas situações. A primeira decorre do facto de parte significativa (cerca de 865 milhões de euros) do capital captado pelos Fundos de Capital de Risco (FCR) em 2009 não ter sido integralmente realizado. A segunda, que originou um acréscimo de cerca de 500 milhões de euros nos valores sob gestão, deve-se essencialmente à transformação de uma sociedade gestora de participações sociais em Sociedade de Capital de Risco (SCR). Ainda assim, uma vez descontados estes efeitos, verificou-se um acréscimo muito relevante (cerca de 230 milhões de euros) dos investimentos em participações no capital de empresas que se enquadram neste sector de actividade. Este facto é merecedor de realce, em particular num contexto de uma grave crise económico-financeira internacional ainda não debelada, cujos efeitos se têm feito sentir de forma severa no crescimento da economia nacional. Neste particular, o fomento da actividade de capital de risco assume especial relevância para o desenvolvimento da economia nacional (materializado em ganhos de produtividade e numa maior dinâmica do sector exportador). Recorde-se, por memória do relatório referente a 2008, que as empresas com menos de 250 trabalhadores (um dos critérios para a sua classificação como pequenas e médias empresas, que são um alvo prioritário do capital de risco) representavam 99,9% do número total de empresas existentes em Portugal, asseguravam 71,6%

do volume de negócios e 80,7% dos empregos gerados pelo conjunto das empresas nacionais.

Igualmente merecedor de destaque é o facto de a evolução registada nos investimentos efectuados pelos operadores de capital de risco nacionais vir em contra ciclo com as mais recentes tendências europeias. De acordo com dados da European Private Equity & Venture Capital Association (EVCA), em 2009 foram realizados no espaço europeu investimentos em empresas de capital de risco num montante que ascendeu a 21 mil milhões de euros, valor este que se cifra apenas em 29% dos investimentos que tinham sido efectuados em 2007. No caso português, quando comparados idênticos momentos, constata-se ter ocorrido uma variação do investimento de cerca de 200%.

Foi pois num contexto de acrescida dinâmica do sector que se desenvolveu a actividade de capital de risco em 2009. Esta realidade, associada ao potencial angariado em 2009 para a realização de investimentos futuros, pode vir a revelar-se como peça decisiva para a inversão dos cenários macro-económicos que apontam, no curto e médio prazo, para um crescimento muito moderado do PIB nacional e em rota de divergência com a média da União Europeia. Atenta a importância estratégica deste sector para a economia nacional, importa pois dar a conhecer ao mercado e demais agentes económicos as linhas fundamentais que caracterizam a actividade do capital de risco em Portugal.

Os montantes geridos pelos operadores de capital de risco nacionais (sociedades de capital de risco e outras entidades legalmente habilitadas para o efeito e fundos de capital de risco) aumentaram 111% face a 2008. Tal permitiu que o capital de risco passasse a representar cerca de 2% do PIB nacional, quando em 2008 este peso não atingia 1%. Por sua vez, a expressão dos investimentos realizados em capital de risco no PIB (0,2%) esteve em linha como verificado na Europa. Associado a este crescimento dos valores sob gestão e dos investimentos efectuados em empresas de capital de risco está certamente o facto de se ter verificado um incremento relevante do número de operadores em actividade. Em concreto, existiam em 2009 mais 9 FCR e três entidades gestoras de capital de risco comparativamente a 2008. Também se verificou um acréscimo do número de participantes em FCR os quais, sendo na sua maioria institucionais, totalizavam 326 no final de 2009 (mais 67 do que em 2008). Esta evolução operou-se num contexto de uma significativa crise económico-financeira e em contra ciclo com o verificado no panorama europeu. Considerando

CAPITAL DE RISCO

o período 2003-2009, observa-se uma taxa média anual de crescimento de 43,4% dos valores geridos, o que é igualmente tradutor da dinâmica do capital de risco nos últimos anos. A utilização deste período de referência motivasse pelo facto de em 2003 o regime jurídico que enquadra o capital de risco ter sido profundamente reformulado, tendo então sido criado um quadro legal mais propício para o desenvolvimento sustentado deste sector. Importa no entanto voltar a frisar que parte significativa do acréscimo dos montantes sob gestão face a 2008 se deve a situações em que foi levantado capital mas em que o mesmo não foi realizado (existindo pois um potencial futuro de investimento). Com igual relevância, a transformação da Finpro-SGPS em sociedade de capital de risco, perto do final de 2009, contribuiu de forma volumosa para o crescimento dos montantes sob gestão.

À semelhança do já constatado em 2008, verificou-se um novo aumento relativo da actividade de capital de risco mediante a utilização de veículos de investimento sob a forma contratual (FCR). Este facto seria ainda mais notório se não tivesse ocorrido a já citada transformação da Finpro-SGPS em Sociedade de Capital de Risco, a qual gere um valor próximo dos 520 milhões de euros. Assim, a repartição da quota de mercado entre FCR e SCR situava-se em 2009 em 76,3% e 23,7%, respectivamente, quando em 2003 essas quotas eram de 65,7% e 34,3%. Pode observar-se que continua a existir uma concentração significativa do sector em termos de quota de mercado por operador. Quase três quartos do valor gerido estavam concentrados nas cinco maiores entidades gestoras. Por outro lado, a metade das entidades gestoras que possuem menor quota não chega a representar 4% do mercado.

Não obstante o crescimento dos valores geridos, o que permitiu um acréscimo da dimensão média dos FCR nacionais em cerca de 17 milhões de euros (em 2008 a dimensão média era 30,5 milhões de euros), a indústria portuguesa compara desfavoravelmente com a média europeia (dimensão média de cerca de 336 milhões de euros). Acresce que apenas quatro entidades gestoras gerem fundos cuja dimensão média é superior ao valor líquido global médio de todos os FCR. Em termos de orientação geográfica, 2009 marca uma inversão nos investimentos realizados pelas SCR e pelos FCR. Com efeito, menos de 50% do valor dos investimentos em capital social são realizados em empresas de capital de risco portuguesas. Recorde-se que em 2008 o valor dos investimentos dirigido para o tecido empresarial nacional ascendia a 85%.

3 · EVOLUÇÃO ESTATÍSTICA EM PORTUGAL E NA EUROPA NOS ÚLTIMOS 20 ANOS

Porém, o número de participações em capital social de empresas residentes (5158) é significativamente superior ao das empresas não residentes (62). Tal deve-se, uma vez mais, à Finpro que detém uma carteira de investimentos essencialmente orientada para empresas não residentes e com elevado valor unitário de investimento. Assim se explica o enorme diferencial de crescimento face a 2008 das participações em capital social de empresas não cotadas não residentes (417,8%) face ao das empresas residentes (43,8%). A situação é oposta quando se trata de participações em capital social de empresas cotadas. As participações em capital social de empresas não residentes ocorrem essencialmente nos Estados Unidos, Espanha, Brasil, França e Reino Unido, predominando os sectores de actividade energéticos, de captação de águas, e financeiro e segurador.

Como seria expectável, que as participações em capital social em empresas cotadas assumem uma expressão marginal (3,4%) no contexto das participações totais em capital social1. Contrariamente ao sucedido em 2008, os FCR revelaram-se mais activos relativamente às participações em capital social de empresas cotadas residentes. Tal deve-se ao investimento detido em três sociedades cotadas nacionais, designadamente a Martifer, a Vista Alegre Atlantis e a Sumol+Compal. Neste último caso, os FCR detêm 12,5% do capital social da empresa. No investimento em empresas não residentes, conta-se também uma participação numa empresa cotada no mercado nacional (EDP Renováveis).

Os créditos em mora ou em contencioso representavam no seu conjunto 2,2% da rubrica outros financiamentos, valor que pode ser considerado relativamente inexpressivo dadas as características de risco associadas a este sector. As rubricas de depósitos e outros meios líquidos afectos a capital de risco e de capital subscrito e não realizado traduzem o potencial de investimento efectivo em capital de risco. No final de 2009, esse potencial de investimento situava-se em cerca de 45% do total do montante sob gestão (mais de 1.400 milhões de euros), valor significativamente superior ao registado no final de 2008 (cerca de 35%). Este aumento é essencialmente explicado pela significativa captação de capital ocorrida em 2009, em particular nos FCR, sem que grande parte do mesmo tivesse sido subscrito. De forma inovadora relativamente a 2008, a fase de investimento classificada como 'capital de substituição' (compra de acções já existentes a outro investidor de capital de risco ou a outros accionistas) assume-se em 2009 como a segunda mais importante na hierarquia de investimentos do capital de risco ao concentrar cerca de 17% do valor das participações.

CAPITAL DE RISCO

Já os investimentos em empresas que estejam em fase de arranque (*start up*) ou os decorrentes das situações em que a gestão (ou parte da gestão) da empresa, com o apoio de investidores de capital de risco, adquire a empresa (MBO) registaram uma perda significativa de peso relativo. Quanto ao primeiro, a redução ocorrida ter-se-á devido ao facto de se ter verificado uma evolução na fase de investimento em que as empresas em carteira se encontravam classificadas para uma fase subsequente, ao que acresceu um investimento líquido muito marginal em empresas em fase de arranque. Também relativamente aos MBO se verificou um investimento líquido inexpressivo em 2009, situação que esteve em linha com o verificado na Europa onde se registou uma perda de importância relativa deste tipo de investimento em capital de risco, nomeadamente de *buyout* de grande dimensão. A dimensão média dos investimentos nestas quatro fases é muito heterogénea. Como seria expectável, dado o grau de desenvolvimento das empresas, o investimento médio em empresas em fase de fase de expansão (cerca de 3,7 milhões de euros) ou em que o capital de risco entra nas empresas através de capital de substituição (cerca de 5,2 milhões de euros) é mais elevado quando comparado com o investimento médio em empresas em fase de arranque (cerca de meio milhão de euros). Já nas empresas em que o capital de risco processa a sua entrada via financiamento de MBO, o investimento médio (cerca de 1,7 milhões de euros) desceu de forma assinalável face a 2008, o que de alguma forma confirma a realidade europeia de que os poucos investimentos efectuados terão sido de menor dimensão relativa.

Apesar do aumento de mais de 100% nos montantes sob gestão em 2009, o investimento líquido se situou em cerca de 231,7 milhões de euros, ou seja, apenas cerca de 15% do valor que se encontrava sob gestão em 2008. Tal deveu-se ao facto de os investimentos constantes da carteira da Finpro não terem sido considerados como novas aquisições, bem como à não realização de uma parte significativa do capital levantado pelos FCR (o que deixa porém um potencial significativo de investimento para períodos futuros). Considerando as operações realizadas, quer por SCR, quer por FCR, a rotação anual das carteiras foi de 28,3% em 2009, valor superior ao verificado em 2008 (21,9%). Da análise das operações de aquisição e alienação realizadas em 2009 conclui-se que o capital de risco efectuou novos investimentos em 104 empresas e desinvestiu totalmente em outras 70. Em 53 situações foi efectuado o reforço de posições accionistas já anteriormente detidas e, ao invés, foi reduzida a participação no caso de 12 empresas.

## 3 · EVOLUÇÃO ESTATÍSTICA EM PORTUGAL E NA EUROPA NOS ÚLTIMOS 20 ANOS

## ESTRATÉGIAS DE FINANCIAMENTO

A desagregação das transacções realizadas pelo capital de risco de acordo com as diversas fases de investimento permite avaliar os estágios de desenvolvimento das empresas em que se tem verificado uma maior ou menor preponderância dos investimentos do capital de risco. Em 2009, prevaleceram os investimentos via capital de substituição (compra de acções já existentes a outro investidor de capital de risco ou a outros accionistas). Com efeito, mais de 90% do investimento líquido concentrou-se nesta forma de entrada do capital de risco nas empresas. Recorde-se que no ano anterior esta fase de investimento tinha registado um investimento líquido negativo. A evolução verificada em 2009 pode traduzir que as dificuldades sentidas nas empresas em geral, fruto da crise económico-financeira, acentuaram o papel do capital de risco enquanto agente especializado na reestruturação de empresas que possam ter em causa a sua viabilidade. Em linha com o já referido anteriormente, constata-se que o valor médio das transacções de capital de substituição é mais elevado do que o das restantes transacções em outras fases de investimento. Ao invés, registou-se um desinvestimento líquido em empresas em fases de expansão, de arranque ou de *seed capital*.

As estratégias de desinvestimento mais utilizadas pelo capital de risco foram a alienação das participações à equipa de gestão ou aos anteriores accionistas e os contratos de venda a prazo anteriormente estabelecidos. Estas duas estratégias representaram cerca de 83% do número de transacções e cerca de 93% do valor das vendas efectuadas pelo capital de risco durante o ano de 2009. O capital de risco continua a não ser utilizado como veículo para trazer empresas para o mercado de capitais, uma vez que, tal como em 2008, em nenhuma situação o desinvestimento se processou mediante alienação em oferta pública inicial. Por outro lado, apenas em seis casos o desinvestimento se processou com o reconhecimento de uma perda total da participação (*write off*).

Cerca de 81% das operações de alienação não resultaram em menos valias para as SCR ou FCR (48% resultaram em mais valias, 33 % não geraram nem mais nem menos valias e apenas 19% das transacções foram efectuadas com uma menos valia). Assim, e contrariamente ao sucedido em 2008, o saldo líquido do desinvestimento total efectuado (preço de transacção – preço de aquisição/valorização das diversas participações) foi positivo, ascendo a cerca de 22,7 milhões de euros. Tal terá sido devido a

CAPITAL DE RISCO

alienação de participações nas quais o capital de risco tinha completado já a sua intervenção de forma a acrescentar valor (o tempo de detenção média das participações alienadas com mais valia foi de cinco anos, sendo que as participações que foram alienadas com menos valias eram em média detidas há pouco mais de um ano). No que respeita às fases de investimento em que o capital de risco alienou as suas participações, verifica-se que as empresas em expansão foram geradoras de mais-valias de cerca de 16 milhões de euros e as *start up* permitiram um encaixe de mais-valias no valor de 6 milhões de euros. Todas as restantes fases de investimento, com excepção do *seed capital*, geraram também mais-valias, mas pouco expressivas.

Já nas operações contratualizadas a prazo tendentes a uma alienação ou compra futura, verifica-se que cerca de 33% e 45% do número de participações detidas em carteira (vivas), respectivamente pelas SCR e FCR, eram objecto deste tipo de contrato. O valor presente deste tipo de contratos ascende a cerca de 55,5 milhões de euros, ou seja, cerca de 1,8% do valor total gerido pelo capital de risco. Este valor encontra-se porém (eventualmente) subestimado em virtude de na maioria dos casos os contratos não serem objecto de avaliação e subsequente reconhecimento patrimonial. Com efeito, mais de 82% dos contratos a prazo surgiam inscritos nas carteiras com um valor nulo. Por outro lado, 15% encontravam-se registados como tendo um valor presente positivo e cerca de 3% estavam em situação inversa.

No que respeita ao tipo de vinculação assumida nesses contratos, as opções (isto é, a faculdade de alienar ou adquirir participações em data pré-definida) são mais expressivas, em detrimento de uma vinculação que obrigue o capital de risco a concretizar a operação. Este último tipo de vinculação estava associado a cerca de 19% dos contratos e a 24% do respectivo valor presente. Refira-se, ainda, que as opções do tipo americano, com exercício a qualquer momento, tinham sido contratualizadas em cerca de 43% das operações, mas apenas representavam 2,9% da valorização em carteira, numa valorização média por operação muito reduzida. O montante global sob gestão dos operadores de capital de risco nacionais aumentou 21,8% em 2010 (cerca de 421,6 milhões de euros). O montante sob gestão totalizava em 31 de Dezembro de 2010 cerca de 2,4 mil milhões de euros. Importa referir que, como resultado da adopção do novo sistema de normalização contabilística (SNC), em vigor desde 1 Janeiro de 2010, o valor líquido global dos fundos (VLGF) deixou de incorporar o capital subscrito e não realizado.

3 · EVOLUÇÃO ESTATÍSTICA EM PORTUGAL E NA EUROPA NOS ÚLTIMOS 20 ANOS

O aumento do valor sob gestão deve-se a múltiplos factores, nomeadamente, à realização, em 2010, de capital outrora subscrito em FCR; ao registo de três novos fundos (mais 20,5 milhões de euros); à constituição de uma nova sociedade de capital de risco; e ao aumento do valor das participações detidas pelas carteiras geridas quer pelos fundos quer pelas sociedades de capital de risco. Estes diversos movimentos traduziram-se num incremento do valor sob gestão de 416,5 milhões de euros (mais 34,8%) nos fundos de capital de risco e de 6,4 milhões de euros (mais 0,9%) nas sociedades de capital de risco em 2010. No que respeita às aplicações dos valores sob gestão dos operadores de capital de risco, registou-se um o saldo líquido positivo de investimentos, traduzido pela diferença de cerca de 103 milhões de euros entre aquisições e alienações de participações.

O montante gerido pelos operadores de capital de risco nacionais aumentou 21,8% em 2010, ascendendo a cerca de 2,4 mil milhões de euros. Este valor representava aproximadamente 1,4% do PIB nacional. O aumento dos montantes geridos deve-se à evolução positiva do valor das participações e à canalização de novos capitais para o sector. O investimento líquido efectuado no período (diferença entre aquisição e alienação de participações) totalizou 103 milhões de euros. No final de 2010 encontravam-se registadas na CMVM 30 entidades gestoras de capital de risco.

A actividade de capital de risco no contexto europeu aumentou, segundo a European Private Equity & Venture Capital Association (EVCA), cerca de 40%, em grande parte resultante do investimento líquido registado em 2010. A EVCA estimava ainda que o sector de capital de risco tinha disponível, no final de 2010, cerca de 100 mil milhões de euros como base potencial de investimento em empresas a financiar via capital de risco. As aplicações de capital de risco na Europa ascendiam a 523 mil milhões de euros no final de 2010, o que traduz um aumento de 40% face ao ano anterior. Aquele valor representava 4,4% do PIB da União Europeia. Por sua vez, a diferença entre a aquisição e a alienação de participações em empresas financiadas ascendeu a aproximadamente 26 mil milhões de euros, existindo 1.696 operadores de capital de risco em actividade no final daquele ano. Os operadores europeus de capital de risco tinham disponíveis como potencial de investimento (*overhang*) cerca de 100 mil milhões de euros, enquanto em Portugal esse potencial era inferior a 1% daquele valor. A dimensão média dos Fundos de Capital de Risco nacionais (31,5 milhões de euros) era cerca de 10 vezes inferior à média europeia do sector.

CAPITAL DE RISCO

Continua a verificar-se uma concentração do valor sob gestão pelos operadores de capital de risco nacionais. Cerca de 1,6 mil milhões de euros, ou 68,5% do montante gerido, encontrava-se concentrado em cinco sociedades. Estas sociedades eram responsáveis por 56,5% do número de participações em empresas financiadas pelo capital de risco. O valor investido em empresas nacionais financiadas pelo capital de risco situou-se em 61,8% do total das participações. No entanto, o valor médio do investimento por participação era consideravelmente inferior ao investimento médio realizado em empresas não residentes. No quadro europeu, o rácio de investimento em empresas locais por operadores de capital de risco domiciliados nessa mesma jurisdição situou-se em cerca de 75%.

Os Fundos de Capital de Risco (FCR) têm vindo a intervir preferencialmente no sector de actividade que engloba as empresas financeiras e de seguros, e não no das empresas que produzam bens transaccionáveis. Nas Sociedades de Capital de Risco (SCR) o sector de actividade com maior valor investido foi o da captação, tratamento e distribuição de água, saneamento, gestão de resíduos e despoluição. Este sector, orientado fundamentalmente para a optimização de recursos naturais e para a minimização de impactos ambientais, não se insere igualmente entre aqueles que produzem bens susceptíveis de dinamizar as exportações e, por essa via, o crescimento da economia portuguesa. Porém, a evolução registada denota que a indústria transformadora constituiu um destino preferencial do capital de risco no último ano. Este sector é por excelência produtor de bens transaccionáveis, sendo por isso uma alavanca fundamental para o fomento do equilíbrio da balança comercial. No panorama europeu, os sectores de actividade que predominaram foram os classificados como ciências humanas, comunicações e bens de consumo e retalho, que congregaram 41% do valor gerido pelo capital de risco.

O valor acrescentado bruto por trabalhador dos quatro sectores mais representativos dos investimentos do capital de risco é cerca de 50% superior à média da economia nacional. Por outro lado, o valor investido nos sectores em que este indicador de produtividade relativa é inferior à média nacional representou em 2010 somente 20% dos investimentos do capital de risco. O investimento no sector da agricultura, produção animal, caça, floresta e pesca representou apenas 1,5% (31 milhões de euros) da carteira do capital de risco. Continua assim a verificar-se um direccionamento dos investimentos para sectores de actividade com maiores índices de produtividade. Ademais, ainda que nalguns casos o investimento se processe

## 3 · EVOLUÇÃO ESTATÍSTICA EM PORTUGAL E NA EUROPA NOS ÚLTIMOS 20 ANOS

nas fases de incubação ou de arranque das empresas (*venture capital*, que corresponde a 16,3% dos investimentos), o capital de risco intervém essencialmente mediante apoio à expansão, recuperação e reestruturação de empresas (*private equity*, que respeita a 83,7% dos investimentos).

As empresas caracterizadas como estando em expansão representaram cerca de 39,8% do valor das carteiras dos operadores nacionais. Trata-se de empresas que se encontram numa fase de actividade que requer a afectação de capital para aumentar a capacidade produtiva e comercial instaladas e o desenvolvimento de novos produtos. As fases de investimento classificadas como capital de substituição (compra de acções já existentes a outro investidor de capital de risco ou a outros accionistas) e *turnaround* (disponibilização de financiamento a empresas que experimentaram dificuldades, com o objectivo de permitir a sua reestruturação e viabilização económicas) assumiram um peso de 22,7%. Esta percentagem constitui um máximo histórico e não será alheia à deterioração das condições económicas nos últimos três anos que terão colocado em situação de dificuldade financeira diversas empresas. A intervenção do capital de risco nestas empresas revela-se fundamental na conjuntura recente, designadamente porque o mercado de crédito bancário sofreu fortes constrangimentos e se registou, ao mesmo tempo, uma subida muito significativa do custo do capital alheio. Por fim, o investimento em empresas em fase de incubação (*seed* capital) continuou a ser pouco expressivo.

Esta evolução esteve em linha com o registado no cenário europeu, uma vez que as fases de *replacement capital, turnaround/rescue* e *buyouts* registaram um aumento significativo de quota, tendo os valores investidos em empresas com esta natureza aumentado cerca de 50% face a 2009. O capital de risco efectuou investimentos em 128 empresas (aquisições totais ou parciais) e desinvestiu em outras 59 (em 37 casos totalmente e nos demais parcialmente). Em 11 situações foi efectuado o reforço de posições accionistas já anteriormente detidas (*follow-on-investment*). No sector europeu do capital de risco a taxa de *follow-on-investment* (56%) – isto é, o peso das participações adquiridas em empresas em que o operador de capital de risco já detinha anteriormente participação face ao número total de participações adquiridas – foi muito superior à registada em Portugal (9%).

O investimento líquido em empresas enquadradas nas fases de investimento *start up* ou *early stage* ascendeu a 93,2 milhões de euros, ou seja, 90,5% do investimento líquido efectuado. Esta situação permitiu que o peso destas duas fases de investimento na estrutura da carteira do capital

CAPITAL DE RISCO

de risco tivesse aumentado 4,1 p.p. face a 2009. Registou-se um desinvesti-mento líquido em empresas em fases de expansão, naquelas anteriormente intervencionadas via *management buy out* (MBO) e de *seed* capital que, no seu conjunto, ascendeu a 15,6 milhões de euros. No final de 2010 cerca de 18% das participações detidas por sociedades de capital de risco e fundos de capital de risco proporcionavam o controlo maioritário das sociedades participadas. Verifica-se igualmente que o capital de risco assegura mais frequentemente o controlo da totalidade ou quase totalidade do capital quando estão em causa pequenas empresas, do que em situações em que em empresas de maior dimensão cujo controlo total ou quase total exigiria um maior volume de investimentos. O capital de risco continuou a não ser utilizado para levar novas empresas ao mercado de capitais. Em 2010, o desinvestimento das participações em empresas de capital de risco via oferta pública inicial (IPO) foi nulo. A nível do capital de risco europeu ocorreram 19 IPO em 2010, correspondentes a um valor total de 968 milhões de euros.

No que se refere ao desinvestimento com perda total de valor (*write off*), verificou-se um incremento no número de operações face a 2009 (14 casos em 2010), o que equivale a uma taxa de *default* de 14,1%. No sector do capital de risco europeu essa taxa foi de 1,3%. Ainda que com menor relevância face a 2009, os resultados do desinvestimento em 2010 tota-lizaram cerca de 9,7 milhões de euros. As empresas em fase de expansão representaram cerca de 64,8% (6,3 milhões de euros) das mais-valias, enquanto as empresas na fase de *seed capital* proporcionaram mais-valias de cerca de 3,3 milhões de euros (33,9% do realizado). As demais fases de investimento não apresentaram perdas ou ganhos relevantes, excepto no que respeita à das empresas em fase de arranque (*start up*) que geraram menos-valias de cerca de 1,1 milhões de euros.

O sector do capital de risco nacional encerrava no final de 2010 um potencial de desvalorização (apurado pela diferença entre a valorização e o valor de aquisição das participações) de cerca de 1,8% do valor sob gestão (valor que compara com os 4,9% de potencial desvalorização registados em 2009). A situação continua a ser distinta no caso das SCR, em que existem mais-valias potenciais (3,8%), relativamente ao que ocorre nos FCR, onde se registam menos-valias potenciais (4,4%). Nos FCR, esta situação é explicada pelo facto de 254 das 826 participações detidas estarem inscritas com um valor de avaliação nulo. Apenas 157 participações traduziam mais--valias potenciais. A maioria das participações (414, ou 50,2% do total)

## 3 · EVOLUÇÃO ESTATÍSTICA EM PORTUGAL E NA EUROPA NOS ÚLTIMOS 20 ANOS

tinha adstritas menos-valias potenciais. Os primeiros seis meses de 2011 revelaram que o sector do capital de risco nacional tem mantido alguma dinâmica, uma vez que neste período foram constituídos cinco novos Fundos de Capital de Risco (no seu conjunto com um capital inicial superior a 50 milhões de euros) e foi criada uma nova Sociedade de Capital de Risco.

De acordo com a European Private Equity & Venture Capital Association (EVCA), durante o ano de 2011 a Europa registou novamente um incremento da actividade de capital de risco, contudo mais modesto que o verificado em 2010, ano em que a indústria assinalou um crescimento de 42% comparativamente a 2009. Em 2011 o investimento na Europa registou um volume global de 45 mil milhões de euros face a 2010, ano em que o investimento na Europa atingiu os 39 mil milhões, ou seja um crescimento de 14%. Os investimentos pela via do *buyout* continuam a liderar o tipo de operação mais concretizadas, movimentando volumes na ordem dos 35 mil milhões de euros, num total de 1055 operações concretizadas na Europa. Os investimentos da tipologia *growth* foram responsáveis por cerca de 1145 investimentos num montante global de 4 mil milhões de euros. O investimento em *start-up* representou a terceira operação mais realizada, num total investido de 1,6 mil milhões de euros, em cerca de 2559 operações. No *later stage venture* registaram-se cerca de 1517 operações de investimento, sendo esta modalidade de investimento responsável por um valor global de aproximadamente 1,5 mil milhões de euros. Em particular nos investimentos da tipologia *buyout*, o *mid-market* foi o mais realizado, num total de 15 mil milhões de euros, seguido do *large*, com 8,9 mil milhões de euros. Os chamados *mega buyout* foram responsáveis por 8 mil milhões de euros de investimento, e os *small buyout* por 3 mil milhões de euros. O sector de actividade produtos e negócios industriais, foi o que em 2011 apresentou o maior volume de investimento, com um montante de 6 mil milhões de euros, num total de 640 investimentos concretizados.

O sector dos bens de consumo e retalho assumiu a segunda tendência de investimento, com 559 operações realizadas no total de 5,9 mil milhões de euros. O sector das comunicações, a terceira posição com um total investido de 5 mil milhões de euros, em 1050 operações efectuadas. As ciências da vida e computadores e electrónica de consumo ocuparam a quarta e a quinta posição, com investimentos na ordem dos 4,9 mil milhões de euros (1453 operações) e 4,8 mil milhões de euros (1211 operações), respectivamente. Em contrapartida, em 2010 o sector dos bens de consumo e retalho recebeu a maior fatia do investimento por parte dos operadores de capital de risco europeus, num total de 7 mil milhões de euros, em 443 operações concretizadas.

Um total de 55% do investimento efectuado no ano transacto foi em *follow-on*, num total de 24,6 mil milhões de euros, e 45% em *initial* no montante de 20 mil milhões de euros. Em 2011, o desinvestimento na Europa atingiu os 25 mil milhões de euros, valor que reflecte um crescimento de cerca de 50% face a 2010, ano em que se verificou um total de 16,9 mil milhões de euros. A principal saída foi *divestment by trade sale* no montante de 9,5 mil milhões de euros, em 611 operações, seguida de *sale to another PE player* com um total de 7 mil milhões de euros em 347 operações de desinvestimento. A opção *divestment by public offering*, responsável por 143 operações, movimentou cerca de 2,5 mil milhões de euros e *divestment by other means* cerca de 2 mil milhões de euros em 39 operações. Em 2010, a saída mais frequente foi *sale to another PE player*, representando cerca de 31,6% do total de desinvestimento na Europa, seguido de *divestment by write off* com um peso de 23% e *divestment by trade sale* num total de 20,6%.

Em 2011 foram captados na Europa 37,7 mil milhões de euros em fundos, valor que reflecte um aumento de 107% face a 2010, ano no qual foram captados 18 mil milhões de euros. Os fundos captados em 2011 foram alocados na sua maioria à componente *buyout* no total de 26,7 mil milhões de euros, seguindo-se *venture capital*, com 4 mil milhões de euros, *growth* também com 4 mil milhões de euros, *early stage* com 1,9 mil milhões de euros e *later stage venture* com 1,1 mil milhões de euros.

A maioria destes fundos foi captada junto de fundos de pensões, cerca de 6,8 mil milhões de euros, de bancos, 5,5 mil milhões de euros, de desconhecidos, 5 mil milhões de euros e de fundos de fundos, 4,8 mil milhões de euros. Do total, 53% dos fundos captados tiveram proveniência na Europa, 31% tiveram origem fora da Europa e 16,3% origem desconhecida. No que diz respeito à alocação por sector, energia e ambiente foi responsável por cerca de 1,8 mil milhões de euros, ICT por 1,6 mil milhões de euros, ciências da vida por 332 milhões de euros e produtos e serviços industriais, por 242 milhões de euros.

No ano de 2011 a actividade de capital de risco em Portugal registou um volume total investido na ordem dos 423.693 euros, valor que representa um crescimento de 159% face a 2010, ano em que o total investido foi de 163.676 euros. Um incremento da actividade de capital de risco muito superior ao verificado na Europa no ano transacto, cujo crescimento foi de cerca de 14%. O sector dos bens de consumo e retalho foi o que registou maior investimento em 2011, representando um montante global de 126.572 euros, num total de 19 investimentos efectuados. Por outro lado, os sectores produtos e negócios industriais e comunicações, registaram valores de investimento de cerca de 83.622 euros e os 55.288 euros, respectivamente. Enquanto o sector produtos e negócios industriais foi alvo de 11 operações de investimento, comunicações registou quatro investimentos. Já em 2010, os operadores de capital de risco nacionais demonstraram especial interesse em investir em sectores como: materiais químicos, transportes e serviços de consumo; e outros. Montantes de 54.607 euros, 38.165 euros e 18.100 euros foram investidos nos três sectores de actividade identificados, respectivamente.

Nos últimos dois anos, os operadores de capital de risco portugueses alocaram a maioria dos seus fundos em projectos em fase inicial. Um total de 60% do investimento concretizado no ano transacto foi em *initial*, com cerca de 27 operações registadas, num volume total de 253.030 euros. O investimento de *follow-on* totalizou um montante de 170.663 euros. Já em 2010, 62% do investimento foi também realizado em *initial*, representando um total de 101.127 euros e 23 operações. Nesse mesmo ano, o investimento de *follow-on* totalizou 27 operações num montante de cerca de 62.288 euros. Os *buyout* continuam a ser as operações mais concretizadas, envolvendo, em 2011, cerca de 310 milhões de euros, num total de 27 investimentos efectuados. A modalidade de *growth* foi a segunda tipologia de operação mais consubstanciada, com um total de 21 operações que representaram um investimento de 96 milhões de euros. O investimento em *start up* movimentou 8.500 euros num total de 27 operações, *rescue/turnaround* cerca de 5.600 euros em 4 investimentos e *later stage venture* 3.300 euros, em 23 investimentos. Já em 2010, os *buyout* tinham sido responsáveis por um montante total investido de aproximadamente 89 milhões de euros e 23 operações de investimento. A modalidade *growth* foi a segunda operação mais realizada pelos operadores representando um investimento de 62 milhões de euros em sete operações. O *replacement capital* movimentou, em 2010, 8 milhões de euros numa operação isolada e os *start up* foram responsáveis por 10 investimentos num total de 4.400 euros. No que diz respeito aos *buyout*, em 2011 o *buyout de mid-market* movimentou 238 milhões de euros e o *small* cerca de 72 milhões de euros.

Em 2011 a actividade de capital de risco registou um total desinvestido, por parte dos operadores portugueses, de 20.500 euros, valor que representa um crescimento de cerca de 13,2%, face a 2010. Se em 2010 os desinvestimentos totalizaram o valor de 18.100 euros em 18 operações, em 2011 este montante atingiu os 20.500 euros em 60 operações. A saída mais frequente em 2011 foi *trade sale*, responsável por €7.700, em seis desinvestimentos. O *sale to another PE player* foi utilizado em três desinvestimentos, no valor de 5.500 euros. Os *repayment of principal loans*, embora tenham concretizado 23 desinvestimentos, movimentaram cerca de 3.800 euros. Os MBO foram responsáveis por um total desinvestido de 1.900 euros, em 20 operações realizadas, enquanto os *write off* envolveram 284 mil euros, em cinco desinvestimentos. Em 2010 a saída mais utilizada pelos operadores em Portugal foi o MBO responsável por seis desinvestimentos, na ordem dos 8.500. O sector que registou maior actividade em termos de desinvestimento em 2011 em Portugal foi o da energia e ambiente, no valor total de 7.300 euros, em seis operações; o sector das comunicações movimentou cerca de 4.700 euros, também em seis operações; o sector dos bens de consumo e retalho, embora tenha registado 18 operações de desinvestimento, registou um valor inferior, na ordem dos 4.300 euros; e, por fim, o sector dos produtos e negócios industriais foi responsável por um montante desinvestido de cerca de 2.300 euros em seis operações. Em 2010 o sector que movimentara um volume superior, em termos de montante desinvestido, foi o de transportes, com 9.200 euros, em duas operações.

A captação de fundos em 2011 registou um incremento significativo quando comparado a 2010, reflexo dos primeiros sinais de agitação verificados no mercado nacional. Se, em 2010, a captação de fundos totalizou o montante de 99.500 euros, em 2011 foram captados 502 mil euros, valor que traduz um crescimento de, aproximadamente, 405%. Os fundos captados em 2011 foram alocados na sua maioria à componente *buyout*, num total de 351.500 euros; de origem desconhecida no valor de 114 milhões de euros; *venture capital*, com cerca de 36.400 euros e, por fim, *later stage*, com cerca de dois milhões de euros. Uma tendência já registada em 2010, com os *buyout* a representarem cerca de 75% dos fundos captados (75 milhões de euros). Os fundos captados são sobretudo oriundos da banca, no valor aproximado de 382 milhões de euros, fundos de fundos, no total de 30.500 euros e fundos de pensões, no valor de 26.500 euros. As agências governamentais, investidores *corporate* e escritórios familiares mantêm-se como uma fonte de captação de fundos para os operadores de capital de risco nacionais, mas de forma menos significativa, com os

3 · EVOLUÇÃO ESTATÍSTICA EM PORTUGAL E NA EUROPA NOS ÚLTIMOS 20 ANOS

montantes a rondarem os 13 milhões de euros, os 12 milhões de euros e os 7.600 euros, respectivamente. Do total, 89% dos fundos captados são oriundos da Europa, num total de 446 milhões de euros, uma tendência que se verificou também em 2010. Se em 2011, cerca de 11% dos fundos levantados são de origem desconhecida, em 2010 a totalidade dos fundos captados (99.500 euros) eram provenientes da Europa.

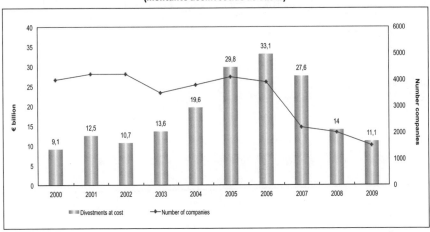

Evolução dos desinvestimentos europeus de *private equity* – Estatísticas da indústria
(montante desinvestido ao custo)

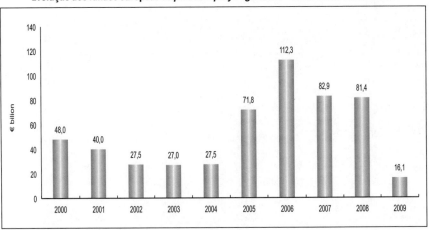

Evolução dos fundos europeus de *private equity* angariados – Estatísticas da indústria

**Evolução dos investimentos europeus de *private equity* – Estatísticas da indústria**
**(valor do capital próprio)**

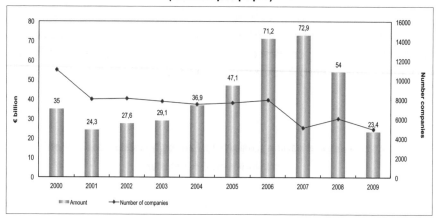

# Quarto capítulo

# Performance

## EVOLUÇÃO DO CAPITAL DE RISCO NA EUROPA

A indústria do capital de risco tem crescido a uma média de 20% ao ano, nas últimas três décadas. No entanto e de acordo com dados da EVCA (European Private Equity & Venture Capital Association), o capital de risco sob gestão na Europa (cerca de 300 mil milhões de euros) só representa 3% do capital investido nas bolsas de valores europeias. A disponibilidade e conhecimento dos investidores de longo prazo em aplicações de capital afecta, naturalmente, os níveis de penetração do capital de risco, que varia significativamente em toda a Europa. Tende a ser mais elevado em proporção com a percentagem de crescimento do PIB, nos países da Escandinávia, Reino Unido e Holanda, onde existem *pools* de capital a longo prazo (nomeadamente, fundos de pensões). Mais recentemente, com a chegada de *players* internacionais, o capital de risco começou a disparar na Alemanha.

Diversas pesquisas sugerem que uma participação de capital activa conduz a melhores práticas de gestão e maiores ganhos de produtividade. Um estudo conduzido junto de 4000 companhias europeias, norte-americanas e asiáticas (*'Do Private Equity-owned Firms have Better Management Practices?'*, The Global Economic Impact of Private Equity Report 2009), demonstrou que as empresas controladas por capitais próprios privados tinham melhores práticas de gestão do que qualquer outra forma de titularidade. Um segundo estudo realizado em empresas norte-americanas (*'Private Equity, Jobs and Productivity'*, The Global Economic Impact of Private Equity Report 2009), revelou que as detidas por capitais privados aumentaram a sua produtividade em dois pontos acima das restantes, no espaço de dois anos – e que mais de 70% desta performance extraordinária é resultado de uma melhor gestão dos activos existentes.

No contexto actual da indústria de capital de risco, têm sido muito debatidos os factores determinantes da evolução recente da actividade em Portugal, como por exemplo a existência de um ambiente regulamentar e fiscal favorável, o papel do Estado na sua dinamização ou a apetência da iniciativa privada para investir neste sector. No entanto, é certo que não tem havido muita preocupação por parte dos operadores em analisarem o impacto do recurso a este instrumento financeiro por parte das empresas suas participadas, o que num quadro de crise económica como o actual assume particular relevância. Ao fim de mais de duas décadas de actividade em Portugal, torna-se pertinente estudar a influência do capital de risco ao nível das empresas que já beneficiaram deste instrumento e retirar assim as devidas ilações para a futura orientação desta actividade. Para tal deveremos contextualizar num quadro teórico o conceito de "participação de capital de risco" numa empresa.

Em primeiro lugar, deve-se ter como pressuposto de partida que a intervenção do capital de risco numa empresa representa um reforço dos seus capitais próprios, com naturais implicações ao nível da sua estrutura financeira. O capital próprio representa assim um recurso investido na empresa ou projecto em troca da posse de uma parcela desta e consequente partilha de risco. A proporção detida define o grau de controlo do investidor e a parcela de lucros que lhe cabe, após a determinação da percentagem a reter na empresa, a qual irá contribuir para a sua capacidade de auto financiamento, tudo isto definido no quadro de uma política pré-definida de distribuição de dividendos. A sua remuneração encontra-se indexada aos resultados da empresa, não existindo um mapa de serviço de dívida previamente acordado, como acontece com a maioria do capital alheio.

Do ponto de vista financeiro, o capital de risco permite melhorar a estrutura financeira da empresa, diversificando a origem dos fundos e contribuindo para reduzir o seu risco financeiro. Ao contrário de um empréstimo bancário, uma intervenção de capital de risco implica também a assunção do risco do negócio por parte do operador, à semelhança dos restantes sócios ou accionistas. A sua remuneração está dependente do sucesso da empresa, reflectida nas potenciais mais-valias a realizar no momento da saída. Com a ligação a um operador de capital de risco, um empreendedor vê assim salvaguardada a sua independência, podendo equilibrar a sua estrutura de capitais por via do reforço do nível de capitais próprios, beneficiando dos contactos institucionais do operador por via da sua intervenção na gestão (em regime executivo ou não), ganhando ainda credibilidade e força negocial junto das instituições financeiras para a angariação de capitais alheios.

Por outro lado, a intervenção de capital de risco numa empresa vem alterar algumas das suas premissas, em particular no que concerne à sua cultura organizacional. Destaca-se assim por um lado, a acção pedagógica necessária por parte do operador no sentido da empresa assegurar um adequado reporte de informação, e por outro lado, a existência de procedimentos internos ajustados aos seus objectivos de acompanhamento, quer seja ele do tipo *hands-on* ou *hands-off*. De um modo geral, independentemente da dimensão da empresa participada, a entrada de um operador de capital de risco no seu capital implica uma alteração ao seu modelo de governação, com particular incidência a vários níveis: na entrada de um representante do operador nos órgãos sociais da empresa, se aplicável, em regime executivo ou não, na articulação das regras de aprovação de assuntos relevantes para a vida da empresa em sede de Assembleia Geral, associadas às cláusulas especiais de protecção do investidor minoritário introduzidas no acordo parassocial e na adequação do modelo de reporte de informação da empresa e dos seus procedimentos internos às exigências do novo sócio ou accionista, também em conformidade com o disposto no acordo parassocial sobre esta matéria.

A intervenção do capital de risco numa empresa vem também esbater o típico problema de assimetria de informação com que as organizações (principalmente as de menor dimensão) se defrontam no seu dia-a-dia. Este fenómeno faz-se sentir com maior intensidade a dois níveis: no que respeita à credibilidade transmitida para o exterior (o designado 'efeito sinal') e no que respeita à melhoria global do sistema de reporte de informação para o exterior. No caso do 'efeito de sinal', convém ressalvar que, independentemente do tipo de operação de capital de risco concretizada, a entrada destes investidores no capital das empresas confere-lhes uma imagem de credibilidade, ou seja, a relação de parceria que se desenvolve

CAPITAL DE RISCO

entre a empresa e o operador de capital de risco, apesar de contribuir para resolver problemas relacionados com o forte nível de incerteza comum nestes investimentos, traz credibilidade e confiança aos projectos.

No segundo caso, a intervenção de capital de risco numa empresa implica uma melhoria global do reporte de informação, tornando-a acima de tudo mais transparente e confiável. Neste âmbito, tal como existem frequentes sinais de alerta identificados pelas instituições financeiras para procederem a uma monitorização mais cuidada dos seus créditos e implementarem uma correcta política de provisionamento desses créditos no quadro das exigências legais impostas pelo Banco de Portugal, também esses sinais são necessariamente aplicáveis ao processo de acompanhamento de uma participada por parte de um operador de capital de risco, que pode culminar com a alienação prematura da sua posição no capital por potencial degradação do seu valor ou, nessa impossibilidade, com a constituição de uma provisão para investimentos financeiros. Neste caso, as metodologias de análise de risco de crédito utilizadas pelas instituições financeiras são muitas vezes adaptadas à actividade de capital de risco com o objectivo de determinar o risco e a rentabilidade futura associada a um investimento numa participação de capital (risco de desenvolvimento do produto ou serviço, risco da sua comercialização, risco de gestão do projecto e risco de crescimento do negócio).

Embora os operadores tenham as suas próprias rotinas de avaliação, refinadas e melhoradas a partir da experiência, todos eles tentarão detectar o mais cedo possível se o empresário tem capacidades intrínsecas para fazer face ao risco de concretizar o seu plano de negócios conforme previsto, contra todas as ameaças que vão surgindo ao longo do desenvolvimento do projecto. Contudo, não é suficiente os operadores procederem apenas a um estudo de viabilidade económico-financeira do projecto e das características dos promotores, sendo necessário realizar uma análise global da consistência de toda a operação, incluindo a sua rentabilidade futura e da perspectiva de relacionamento com os gestores da empresa.


## RENTABILIDADE DO INVESTIMENTO

De uma forma geral, a rentabilidade de um investimento de capital de risco pode ser obtida de duas formas: ou o operador obtém mais-valias com a venda da participação (que pode ser feita na totalidade ou parcialmente),

## Taxa de Retorno Interna Líquida

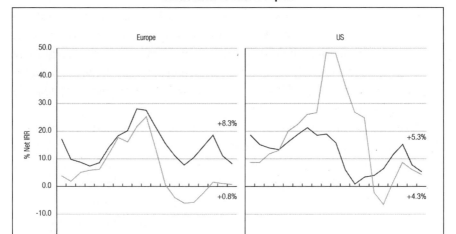

apenas no momento da saída (ou aposta principalmente na obtenção de um dado nível de rentabilidade para o capital investido, privilegiando, por exemplo, a obtenção de dividendos. Em ambos os casos, a rentabilidade do operador pode ser reforçada por uma prestação de serviços especializados à participada, por contrapartida de uma comissão de gestão ou acompanhamento, isto numa filosofia de participação na gestão do tipo *hands-on*. Também o processo de análise de um investimento por parte de um operador é similar, independentemente dos montantes de capital requeridos, quer em termos do tempo despendido, quer em termos de passos necessários.

Isto torna, naturalmente os investimentos médios e grandes, mais atractivos para os operadores de capital de risco. A decisão de investimento de um operador num determinado projecto ou empresa, está assim condicionada não só à análise da sua exposição a factores específicos de risco, mas também a questões relacionadas com a gestão da sua própria carteira. Os investidores de capital de risco têm assim geralmente definida uma taxa de rentabilidade 'objectivo' para os seus investimentos. Essa taxa varia de acordo com o risco do projecto em causa. Quanto maior o risco do projecto, maior será a rentabilidade que o investidor de capital de risco 'exige' para o seu investimento. Na prática, este valor depende de factores como o risco associado ao negócio proposto, a duração esperada para o investimento a realizar pelo investidor de capital de risco, o grau de dificuldade esperado pelo investidor para efectuar a sua saída e o número de investidores de capital de risco interessados no negócio, ou seja, da pressão concorrencial sobre o investidor.

Quanto à gestão de carteiras, observa-se que a prioridade de actuação dos operadores de capital de risco se centra na gestão da sua carteira, no sentido tradicional do termo, ou seja, por simples diversificação do risco (facto que cria similitudes, por exemplo, entre a gestão de uma SCR e a de qualquer outra instituição financeira), identificando-se duas estratégias genéricas de investimento: a diversificação dos investimentos com base no ciclo de vida das empresas participadas e com base nos sectores de actividade.

De acordo com o estudo de Pan-European Performance Benchmark, da Thomson Reuters, que contou com a colaboração da EVCA (European Private Equity & Venture Capital Association) e cobre um período de 1980 até 2009, a taxa líquida de retorno interna (IRR) de 1375 fundos independentes de *private equity* foi de 8,9%, com 11,9% de retorno dos fundos de *buyout* (458 fundos) e 1,6% dos fundos de capital de risco (778 fundos, no total). O estudo cobre um período de 30 anos e representa um total de capital investido através dos referidos fundos, de 313 mil milhões de euros.

Um quarto dos fundos de *private equity* (345 fundos) registou um IRR líquido combinado de 21,8%, enquanto o retorno de metade destes fundos foi de 14,1%. O topo dos fundos de *buyout* e de capital de risco também registaram retornos significativos, com IRR líquidos combinados de 30,2% e 13,6%, respectivamente. Metade destes fundos alcançou um IRR líquido de 19,8% e 9,1%, respectivamente, para fundos de *buyout* e de capital de risco. Saliente-se que o retorno dos fundos de capital de risco é muito disperso, cabendo aos investidores fazer a selecção apropriada para os seus portfólios. Os retornos consistentes dos fundos que compõem o primeiro quarto indicam que o capital de risco europeu é capaz de uma performance de duplo dígito.

Por dimensão dos fundos, os fundos de *buyout* mais performantes situaram-se no segmento entre os 500 milhões de dólares e 1000 milhões de dólares, com um retorno líquido de 18,7%. No entanto, apenas mantiveram a liderança num horizonte de 10 anos, registando um IRR líquido de

8,8%. No curto e médio prazo, foram ultrapassados quer pelos fundos de montante superior a 1000 milhões de dólares, quer pelos pequenos fundos de *buyout*. Do lado do capital de risco, os fundos superiores a 50 milhões de dólares registaram melhores resultados no longo prazo (4,8%) e no médio prazo (2,0%); no curto prazo, foram ultrapassados pelos fundos de 50 a 100 milhões de dólares.

Em termos de período de anos, os maiores retornos foram obtidos nos fundos de 1990-1994 e de 2000-2004, o que sugere que os investimentos durante os períodos de recessão geram melhores performances. Especialmente os fundos generalistas de 2000-2004, foram os de maior retorno, com um IRR de 22,7%. Os fundos de *buyout* e capital de risco mais performantes, foram os de 1990-1994, com IRR líquidos combinados de 18,6% e 11,8%, respectivamente.

Até 2009, a performance do *private equity* manteve-se regular num horizonte de 10 e 20 anos, com IRR de 5,2% e 8,9%, respectivamente; os retornos a cinco anos também permaneceram fortes, com um IRR líquido global de 6,5%; horizontes a três anos foram duramente afectados pela crise económica, registando retornos negativos em todos os segmentos; o *private equity* a um ano gerou retorno positivo, com os *buyout* a registarem 7,2% e os fundos de capital a registarem 1,0%.

O ranking de performance por localização geográfica, num horizonte a cinco anos, foi de 8,3%, nos *buyout* europeus; 5,3% nos *buyout* norte-americanos; 4,3% no capital de risco americano; e 0.8% no capital de risco europeu.

O JP Morgan Euro Bonds index dominou os *rankings* de performance de *private equity* no período em análise e para todos os prazos. Embora o *private equity* tenha registado uma melhor performance do que os dois índices – HSBC Small Company Index e Morgan Stanley Euro Index – nos períodos de três e cinco anos, foi ultrapassado pelo HSBC Small Company Index num horizonte a 10 anos.

Em Portugal e de acordo com o estudo de *benchmarketing* da Thomson Financial (2007), os retornos de longo prazo dos fundos de capital de risco e de *buyout* (37 fundos), calculados em períodos de 10 e 20 anos, são negativos, com retornos de – 3,5% e – 3,3%, respectivamente.

Em 2009 os Fundos de Capital de Risco (FCR) nacionais tiveram um desempenho bastante assimétrico em termos de rendibilidade das unidades de participação. Dos 40 fundos que estavam simultaneamente em actividade no final de 2008 e 2009, 15 apresentaram rendibilidades

CAPITAL DE RISCO

positivas e os restantes 25, retornos negativos. A amplitude de variação dos retornos dos diversos Fundos é muito significativa, situação que não surpreende, dadas as características do sector. O Fundo que apresentou um retorno mais favorável proporcionou aos investidores uma taxa de rendibilidade anual de 96,6%. Já o Fundo com pior desempenho assistiu a uma quase total erosão do seu património, ao registar uma taxa de rendibilidade anual de – 86%.

Em termos médios, a rendibilidade de todos os FCR foi de cerca de – 6%. Esta situação torna-se ainda mais preocupante se forem analisados os capitais próprios dos FCR (ou o seu valor liquido global) em confronto com o capital subscrito em cada fundo. Assim, constata-se que apenas 10 dos 50 Fundos activos no final de 2009 possuem capitais próprios superiores ao capital subscrito, ou seja, ao longo da sua actividade registam uma rendibilidade acumulada positiva. Ao invés, 80% dos fundos (os restantes 40) estavam em situação inversa.

Nas Sociedades de Capital de Risco a situação é porém distinta. Com efeito, em apenas 6 das 24 SCR em actividade no final de 2009 os capitais próprios eram inferiores ao capital subscrito. Esta situação não traduz necessariamente um melhor desempenho do capital de risco através da forma societária, uma vez que estas sociedades, podendo gerir simultaneamente FCR, e, como tal, contabilizando as comissões de gestão que daí provêm na conta de resultados, podem mitigar ou até inverter o efeito nos capitais próprios de um eventual mau desempenho da gestão da carteira de participações em capital de risco que efectuam via balanço.

Torna-se cada vez mais claro que o capital de risco é um produto vocacionado para apoiar pequenas e médias empresas, o que acontece em 62% dos casos estudados pela APCRI (Associação Portuguesa de Capital de Risco e de Desenvolvimento) em 2009, isto se atendermos ao critério do número de trabalhadores que define uma PME com menos de 250 trabalhadores, de acordo com a definição europeia. Interessante é o facto de existirem 25% de empresas classificadas como 'micro' no universo de empresas analisado, o que aponta para uma tendência da indústria no apoio a projectos ainda de menor dimensão. E como é sabido, as 'micro' e PME representam mais de 99% do universo de empresas do país.

As SCR confrontam-se, no actual contexto de abrandamento da actividade económica, com a análise de menos projectos para investir, mas claramente 'triados', isto é, com uma qualidade mais evidente e com uma expectativa mais robusta de sucesso. Esta constatação deriva da tese que muitos operadores defendem de que em alturas de recessão se encontram os verdadeiros empreendedores e as ideias mais consistentes. Por outro lado, a actual conjuntura de recessão económica vem necessariamente implicar uma maior prudência nos critérios de análise e decisão das SCR, pois está em causa consequentes perdas de rendibilidade dos investimentos já efectuados e o 'aperto' dos parâmetros de decisão dos operadores.

Neste contexto, os operadores de capital de risco têm procurado cada vez mais diversificar o risco dos seus investimentos, renovar as suas carteiras e adaptar as suas intervenções às necessidades das suas participadas. Apresentam-se de seguida algumas evidências do estudo da APCRI (assente nos resultados obtidos num questionário elaborado a 11 operadores associados, abrangendo uma amostra de 142 empresas suas participadas) que provam estas tendências: as empresas participadas pelo capital de risco assumem maioritariamente a forma de sociedades anónimas, verificando-se um aumento do peso das SGPS; o objecto de participação de capital de risco nas empresas continua a ser o financiamento de investimentos de expansão (o que acontece em 34% das observações), encontrando-se o apoio a operações de reestruturação a perder peso relativo por contrapartida de um reforço das intervenções em *start-up* e de MBO/MBI; verifica-se uma interessante tendência dos operadores de capital de risco em sindicar investimentos com outras sociedades, apostando desta forma numa evidente partilha do risco implícito a cada intervenção; a concessão de suprimentos por parte das sociedades de capital de risco como forma de complementar a intervenção financeira nas empresas tem vindo a ser incrementada, ao ser escolhida por mais de 44% das SCR inquiridas.

Da mesma forma, pode-se concluir que os operadores de capital de risco têm vindo a aproximar-se cada vez mais das suas participadas, como forma de valorizar o investimento. Este facto é comprovado pelo nosso estudo a dois níveis: por um lado, a participação das SCR na gestão das suas participadas pauta-se normalmente pela designação de um representante não executivo nos seus órgãos de gestão, sendo esta uma forma eficiente de proceder a um acompanhamento regular da empresa, mas sem uma excessiva interferência nas suas decisões operacionais, isto apesar de em 25% dos casos analisados não existir qualquer tipo de representante da SCR na empresa; por outro lado, a relação existente entre as SCR e os gestores das suas participadas é tendencialmente boa, existindo em 14% das situações estudadas uma opinião bastante favorável relativamente ao seu desempenho.

CAPITAL DE RISCO

Conclui-se também que existe uma baixa rotatividade das carteiras de investimentos das SCR, isto porque: a actual maturidade das carteiras de investimentos dos operadores aponta para números substancialmente reduzidos de alienações, sendo a saída parcial do capital das empresas uma forma ainda pouco explorada de desinvestimento; em apenas 13% das empresas participadas por capital de risco o grau de execução do projecto de investimento que deu origem à intervenção apresenta um grau de execução muito bom.

A agressividade comercial e tecnológica das empresas participadas pode não ser suficiente para sustentar a sua valorização a médio/longo prazo. Podem apontar-se algumas razões para este facto: 71% das empresas inquiridas têm um peso de exportações no seu volume de negócios inferior a 25%; a agressividade comercial das empresas não é, em quase dois terços da amostra estudada, sustentada por publicidade, o que pode denotar algum 'excesso de confiança' na carteira actual de clientes ou uma relativa preocupação em conquistar mercado potencial; uma evidência ainda preocupante do estudo prende-se com a relação existente entre as empresas participadas por capital de risco e as novas tecnologias: por um lado 43% ainda não possuem uma página na Internet; por outro lado e na opinião da SCR, 31% das suas participadas apresentam um grau de inovação tecnológica baixo ou razoável. Outro dado importante que corrobora esta constatação prende-se com o ainda insuficiente número de casos que possuem marcas ou patentes registadas (46% do total de empresas do universo).

Os recursos humanos das empresas participadas por capital de risco apresentam preocupantes constrangimentos ao seu crescimento potencial, logo à sua valorização. Apresentam-se de seguida algumas evidências do estudo que podem sustentar esta conclusão: as SCR participantes neste estudo classificam a equipa de gestão de 24% das suas empresas como má ou razoável, o que à partida transparece uma apreciação insuficiente do perfil dos promotores dos projectos em estudo na fase de análise; a esmagadora maioria das empresas (80%) não aposta na formação profissional dos seus colaboradores.

Em suma, num contexto de crise do mercado de crédito e dos mercados de capitais como a actual, perante as tendências da indústria apresentadas e as conclusões do presente estudo, assumem-se como relevantes alguns desafios importantes para os operadores para os próximos anos, que passarão necessariamente pela mudança de atitude perante as empresas participadas, com vista a incrementar o valor das suas carteiras e considerando as seguintes linhas de actuação: garantir uma participação mais pró-activa na gestão das empresas, podendo passar esta estratégia por um reforço de políticas *hand-on*; reduzir barreiras existentes em termos de cultura organizacional com as suas participadas, promovendo um melhor relacionamento com a equipa de gestão das empresas; conferir maior transparência da actividade de capital de risco junto das empresas participadas, ao monitorizar de forma eficaz os projectos de investimento que estiveram na origem da intervenção; apoio crescente ao desafio da globalidade dos mercados, que pode passar por um incentivo a estratégias de internacionalização e inovação das suas participadas; facilitação dos processos de saída com consequente eliminação de problemas de agência, podendo as alienações parciais ser um instrumento adequado a este objectivo.

# Quinto capítulo

## Enquadramento legal e fiscal

### CRIAR AS CONDIÇÕES PARA ATRAIR INVESTIMENTO EM CAPITAL DE RISCO

O *private equity* e o capital de risco desempenham um papel significativo no reforço das economias europeias, mesmo em tempos de turbulência ou recessão económica. É nestas fases do ciclo económico que a vontade política dos governantes em apoiar a economia e as empresas pode ser testada. Simultaneamente, esta conjuntura oferece uma oportunidade única aos investidores financeiros para reforçarem e fazerem crescer os seus negócios na Europa, confrontados com uma redução da disponibilidade de capital. Um quadro fiscal e legal favorável ao *private equity* e ao capital de risco na Europa permite que os fundos contribuam de uma forma mais eficiente para atrair o capital necessário para o meio empresarial europeu.

Algum progresso tem sido feito relativamente aos investidores nesta indústria, no modo como estão habilitados a aceder aos fundos de *private equity* e capital de risco. Em 2003, a Directiva europeia IORP (Fundos de Pensões) e a sua progressiva transposição para as legislações nacionais, assim como a criação das estruturas apropriadas para os fundos, em muitos Estados europeus, foram desenvolvimentos importantes. No entanto, ainda subsistem alguns impedimentos à captação de fundos a nível nacional e transnacional na Europa.

CAPITAL DE RISCO

Dadas as especificidades dos modelos de negócio do *private equity* e do capital de risco, que se mantêm activos nos compromissos a longo prazo em companhias privadas, os fundos de investimento deveriam estar autorizados a ser geridos de uma forma flexível de acordo com as diferentes fases dos seus ciclos de investimento. As estruturas dos fundos de investimento deveriam estar adaptadas às necessidades dos investidores domésticos e não domésticos. A estrutura legal dos fundos deveria permitir aos gestores dos fundos encaminhar livremente o capital para os projectos empresariais mais promissores. Desta forma, as empresas participadas estariam aptas a usar plenamente o mercado integrado para dar escala ao seu negócio, especialmente na primeira fase do seu desenvolvimento.

De modo a conseguir as condições óptimas para a estrutura nacional dos fundos, deverão ser trabalhadas áreas como a transparência fiscal para investidores domésticos e não domésticos; a dispensa de estabelecimento permanente para os investidores internacionais (eliminando o risco de dupla tributação); a não aplicação de restrições ao tipo de investimentos que os fundos estão autorizados a efectuar (essencial para uma alocação optimizada do fundo e um melhor retorno); e, finalmente, a existência de incentivos fiscais para encorajar o investimento em *private equity* e capital de risco.

Segundo um estudo de *benchmark* da EVCA (European Private Equity & Venture Capital Association), França, Irlanda, a Bélgica e o Reino Unido são os países com as melhores condições para o desenvolvimento da indústria de *private equity* e capital de risco; a Grécia, a Espanha, a Holanda e Portugal, figuram no segundo grupo; com performances ligeiramente acima da média europeia, estão a Lituânia, a Suíça, a Dinamarca e a Hungria; a Áustria, a Letónia, a Finlândia e a Polónia, estão ligeiramente abaixo da média; a segunda metade do *ranking* é ocupada pela Itália, seguida pela Suécia, Noruega, Estónia e Alemanha; enquanto o Chipre, a Roménia, a Eslovénia, a Eslováquia e a República Checa, figuram na cauda dos países com o enquadramento fiscal e legal menos favorável ao *private equity* e ao capital de risco. Embora a Grécia, a Espanha e Portugal tenham uma história curta no investimento em *private equity* e um mercado menos maduro, os seus governos têm em curso esforços significativos para criar um quadro de investimento mais favorável.

O Programa do XIX Governo Constitucional prevê, como ponto fundamental da prossecução da sua política de inovação, empreendedorismo e internacionalização, a necessidade de reformulação do sector do capital de risco. A Resolução do Conselho de Ministros n.º 50/2011, de 13 de Outubro, define orientações para a reformulação do sector público do capital de risco e respectivo contributo para a dinamização da economia. Tendo em vista a análise dos principais problemas do sector, bem como a definição dos vectores de mudança necessários à reformulação do sector do capital de risco público, foram consultados um conjunto de reputados profissionais da sociedade civil, bem como entidades públicas e privadas do sector em Portugal. A crise financeira mundial, também sentida em Portugal, afecta a disponibilidade de financiamento do tecido empresarial. Tal acarreta consequências negativas para a economia nacional, implicando uma desaceleração dos investimentos das empresas na expansão dos respectivos negócios, bem como algum desinvestimento, o qual surge como forma alternativa de aumento da liquidez para aquelas empresas.

A escassez de capital de risco não ajuda à inversão da tendência de perda de competitividade, a qual tem associada uma redução dos níveis de produção, o aumento da taxa de desemprego e maiores dificuldades na recuperação económica e financeira do País. Para contrariar esta tendência, é essencial uma presença forte, eficaz e eficiente dos mecanismos de financiamento associados ao capital de risco. Estes, além de promoverem um aumento da liquidez, orientam-se por objectivos de criação de valor nas empresas, pela via operacional de apoio à gestão, estratégia, redes de contactos e internacionalização.

Concluiu-se que os investimentos em capital de risco em Portugal, medidos em percentagem do PIB, são inferiores aos investimentos efectuados no resto da Europa e nos Estados Unidos da América. A referida análise confirmou ainda – face ao que já consta no Programa de Governo – a existência de uma sobreposição de competências entre as várias entidades públicas responsáveis na área do capital de risco, nomeadamente entre a InovCapital – Sociedade de Capital de Risco, a AICEP Capital – Sociedade de Capital de Risco, a Turismo Capital – Sociedade de Capital de Risco, a PME Investimentos – Sociedade de Investimento e, em menor monta, a Caixa Capital – Sociedade de Capital de Risco.

Esta proliferação de entidades com competências sobrepostas torna os processos de decisão particularmente morosos, nomeadamente naqueles em que existe envolvimento de mais do que uma destas entidades. Adicionalmente, acarreta ainda significativos sobrecustos que, no contexto actual, urge racionalizar. O Estado tem uma participação muito significativa no sector do capital de risco, detendo um elevado número de empresas

CAPITAL DE RISCO

participadas, ainda que os montantes investidos em cada uma delas sejam substancialmente reduzidos. Exemplo desta circunstância é o facto de Portugal ter, no segmento das empresas *start-up*, um investimento elevado, em termos relativos no contexto da União Europeia. Todavia, em contrapartida, revela um reduzido investimento nas fases mais avançadas de desenvolvimento das empresas de alto crescimento.

Assim, é imprescindível que, à semelhança do que sucede em países com grau de desenvolvimento económico semelhante ao de Portugal, se promova a entrada de novos operadores privados, nacionais e estrangeiros com dimensão relevante, no sector do capital de risco. A actuação das entidades públicas de capital de risco pode constituir uma barreira à entrada de operadores privados, nacionais e estrangeiros, pelo que importa rever o modelo de actuação dessas entidades de forma a promover e desenvolver o apoio ao financiamento, ao empreendedorismo e a pequenas e médias empresas inovadoras. Deste modo, fomenta-se um maior número de operadores, dimensão de investimentos e dinamismo no sector do capital de risco.

Nessa linha, O Governo pretende promover, por um lado, a separação total das actividades de operação de capital de risco e, por outro, o financiamento de novos operadores do sector do capital de risco. Relativamente ao objectivo de alcançar uma separação total das actividades de operação de capital de risco, é importante promover, em primeiro lugar, a adopção de estruturas de investimento que alinhem adequadamente os incentivos entre investidores e promotores segundo as melhores práticas internacionais. Em segundo lugar, a operação de capital de risco deve estar orientada para o financiamento das diferentes fases de investimento, em detrimento da relativa concentração dos investimentos nas respectivas fases iniciais. Finalmente, a operação de capital de risco público deverá progressivamente ser realizada em sindicação com os demais operadores do sector. O Estado deveria criar condições de fazer crescer as equipas. Há empresas que têm excelentes equipas e que não têm capacidade de crescimento. Se o Estado desse oportunidade de algumas delas poderem gerir fundos com dimensão...

No que diz respeito à promoção do financiamento de novos operadores do sector do capital de risco, o Estado deverá criar incentivos à entrada de novos operadores no mercado que possam introduzir factores de crescimento internacional e de criação de valor actualmente ausentes deste sector. Torna-se, assim, fundamental definir um conjunto de princípios e de linhas de actuação que permitam atingir os objectivos necessários a uma correcta configuração do sector do capital de risco em Portugal. A lógica de 'hospital de empresas' acabou. É evidente que há sempre projectos que falham. Faz parte.

Assim, nos termos da alínea *g*) do artigo 199.º da Constituição, o Conselho de Ministros resolveu reforçar a necessidade de uma revisão estrutural do sector do capital de risco, de acordo com as seguintes directrizes:

*a*) Reorientação das prioridades do sector, no que respeita ao apoio público às empresas e ao modo através do qual o mesmo é concedido;

*b*) Promoção e desenvolvimento do capital de risco de iniciativa privada;

*c*) Racionalização dos recursos afectos ao capital de risco público.

O Governo propõe-se reforçar o apoio aos sectores estratégicos para a economia nacional, designadamente ao turismo, às tecnologias, à internacionalização de empresas e ao aumento das exportações e estabelecer como prioritárias as seguintes iniciativas na área da reformulação do capital de risco:

*a*) Por iniciativa do Ministério da Economia e Emprego e prévia concordância do Ministério das Finanças, criar um modelo de gestão pública na área do capital de risco, com incidência nas seguintes áreas de actuação: o investimento nas empresas, mediante a concentração das competências actualmente dispersas entre vários operadores de capital de risco público numa única entidade; os investimentos em operadores de capital de risco ou fundos passarão a ser realizados através de uma sociedade gestora;

*b*) Analisar e tomar medidas, nomeadamente através de ajustes aos respectivos enquadramentos legais, no sentido de promover a proliferação de entidades de capital de risco de iniciativa privada;

*c*) Apoiar a promoção e divulgação de iniciativas relacionadas com o capital de risco junto do tecido empresarial das pequenas e médias empresas portuguesas;

*d*) Atrair capital de risco internacional para Portugal, como forma de potenciar as redes internacionais de contacto;

*e*) Avaliar o valor dos activos de risco em que foram investidos os fundos públicos e das eventuais imparidades;

*f*) Aprovar um relatório pelos Ministros de Estado e das Finanças e da Economia e do Emprego sobre a situação dos fundos de capital de risco que utilizam recursos públicos, a divulgar nas páginas electrónicas dos respectivos ministérios.

Em Portugal, a actividade de capital de risco encontra-se regulamentada por lei e está sujeita à supervisão da Comissão do Mercado de Valores Mobiliários (CMVM). A mais recente legislação (Decreto-Lei n.º 375/2007, de 8 de Novembro, que revogou o Decreto-Lei n.º 319/2002, de 28 de Dezembro) vai no sentido de flexibilizar, simplificar e promover o incremento da actividade de capital de risco enquanto instrumento de apoio ao arranque, à reestruturação e à expansão empresarial, nomeadamente em áreas de base científica e tecnológica, seja pelo fomento da constituição de novas empresas de cariz inovador e produtivo, seja pelo reforço ou transmissão do capital das empresas já existentes, tendo em vista o seu crescimento e consolidação.

Existem vários operadores a actuar no mercado de capital de risco, sendo que a escolha poderá atender, entre outros aspectos, à política de investimentos de cada um deles, possíveis objectivos específicos (internacionalização, tecnologias de informação, ambiente, comércio, turismo, etc.), e ainda a maior ou menor dimensão desejada para o investimento. Os operadores de capital de risco nem sempre assumem a figura jurídica de Sociedade de Capital de Risco ou dos agora reconhecidos Investidores de Capital de Risco, podendo igualmente e para além dos Fundos de Capital de Risco, ter a forma de, por exemplo, Sociedades de Investimento ou Sociedades Gestoras de Participações Sociais, que desenvolvem actividade de investimento de risco.

Assim, a par das Sociedades de Capital de Risco (SCR), existem ainda os instrumentos de investimento colectivo: os Fundos de Capital de Risco (FCR) e os Fundos de Reestruturação e Internacionalização Empresarial (FRIE). As SCR têm como objecto o apoio e promoção do investimento e da inovação tecnológica em projectos empresariais ou empresas já existentes, através da participação temporária no respectivo capital social. Por sua vez, os FCR são uma modalidade de fundos de investimento mobiliário. O seu património deverá ser composto por quotas de capital, acções e obrigações, não cotadas em mercado de bolsas. São fundos fechados, devendo o capital a investir ser obrigatoriamente fixado no momento da sua constituição. Finalmente, o objecto principal do FRIE é a aquisição de participações em empresas que pretendam desenvolver processos de reestruturação. Têm a natureza de fundos de investimento mobiliário aberto.

Para flexibilizar, simplificar e, consequentemente, promover o incremento da actividade de capital de risco em Portugal foram introduzidas alterações significativas no regime jurídico do capital de risco, passando este a ser regulado pelo Decreto-Lei n.º 375/2007, de 8 de Novembro.

## 5 · ENQUADRAMENTO LEGAL E FISCAL

O novo regime veio introduzir, designadamente, a eliminação da distinção entre Fundos de Capital de Risco (FCR) com base no tipo de participante; o reconhecimento de investidores em capital de risco (ICR) para acolher a figura conhecida por *business angels*; a redução do capital social mínimo para as Sociedades de Capital de Risco (SCR) que se dediquem exclusivamente à gestão de FCR; e a consagração do registo prévio simplificado para as SCR, ICR e FCR, prevendo ainda em determinados casos, a mera comunicação prévia à CMVM.

Para efeitos de determinação do lucro tributável e para evitar a dupla tributação de rendimentos, são deduzidos ao lucro tributável das Sociedades de Capital de Risco os lucros distribuídos por sociedades com sede ou direcção efectiva em Portugal ou noutro Estado-membro da União Europeia, desde que sujeitas a IRC (ou um imposto semelhante), e não isentas. No entanto, esta dedução apenas será concedida se a entidade beneficiária detiver directamente uma participação no capital da sociedade que distribui os lucros não inferior a 10% ou com um valor de aquisição não inferior a 20 milhões de euros e esta tiver permanecido na sua titularidade durante o ano anterior à data da colocação à disposição dos lucros ou, seja detida há menos tempo, desde que a participação seja mantida durante o tempo necessário para completar aquele período.

Face ao regime geral do IRC, o regime especial das Sociedades de Capital de Risco apresenta duas particularidades. A primeira particularidade do regime fiscal encontra-se na tributação das mais-valias. O Estatuto dos Benefícios Fiscais determina que as mais-valias da transmissão onerosa de partes de capital, quando detidas por período igual ou superior a 12 meses, não concorrem para a formação do lucro tributável. Como contrapartida, nem as menos-valias ou os encargos financeiros decorrentes da aquisição podem ser deduzidos. Salienta-se para as três situações em que o período mínimo de detenção passa a ser de três anos:

1 – Quando as participações tenham sido adquiridas a entidades com as quais existam relações especiais. Para este efeito, considera-se que existem relações especiais entre duas entidades quando uma delas tem poder de exercer, directa ou indirectamente, uma influência significativa nas decisões de gestão da outra. Presume-se que esse poder surge quando existe um contrato de subordinação, de grupo paritário ou outro de efeito equivalente, entre empresas que se encontrem em relação de domínio, ou entidades entre as quais se verifica uma situação de dependência (comercial, financeira, profissional ou jurídica).

CAPITAL DE RISCO

2 – Quando as partes de capital tenham sido adquiridas a entidades com domicílio, sede ou direcção efectiva em território sujeito a um regime fiscal mais favorável, constante de lista aprovada pelo Ministro das Finanças, e regularmente actualizada. O mesmo sucede quando as participações são detidas em entidades portuguesas sujeitas a um regime especial de tributação.

3 – Quando a Sociedade de Capital de Risco tenha resultado da transformação de sociedade à qual não fosse aplicável este regime de tributação, é igualmente aplicável um período mínimo de detenção de três anos, que se contará desde a data de transformação da sociedade em causa.

A segunda especialidade do regime fiscal das Sociedades de Capital de Risco reside na possibilidade de dedução à colecta, e até à sua concorrência, de uma importância correspondente ao limite da soma das colectas de IRC dos cinco exercícios anteriores àquele a que respeita o benefício. Este benefício só será concedido se esse montante for aplicado em exercícios posteriores, na realização de investimentos em sociedades com potencial de crescimento e valorização. Esta dedução é feita na liquidação de IRC respeitante ao exercício em que foram realizados os investimentos ou, quando o não possa ser integralmente, na liquidação dos cinco exercícios seguintes.

O capital de risco teve formalmente início em 1986, com a publicação do Decreto-Lei n.º 17/86, de 5 de Fevereiro, que estabeleceu o enquadramento legal das Sociedades de Capital de Risco (SCR). "As Sociedades de Capital de Risco constituem em Portugal uma figura jurídica nova e, mesmo na Europa, representam um instrumento recente de promoção do investimento e de introdução da inovação tecnológica. No essencial, o objecto das Sociedades de Capital de Risco consiste na procura deliberada e sistemática de oportunidades de investimento capazes de gerar valor acrescentado e de proporcionar rendimento aos investidores, justificando a aplicação de capitais, através da compra de acções e quotas de empresas com potencial de expansão e viabilidade", pode ler-se no documento.

"Por outro lado, a criação de Sociedades de Capital de Risco enquadra-se numa política de fomento de utilização de instrumentos de capitalização de empresas – financiamento por meio de entradas de capital – do que resultará, aliás, um contributo importante para a dinamização do mercado de capitais. A solução institucional adoptada reveste-se de características de flexibilidade suficiente para estimular o aparecimento de Sociedades de

## 5 · ENQUADRAMENTO LEGAL E FISCAL

Capital de Risco de iniciativa privada às quais é possível associar entidades públicas interessadas na promoção do investimento, da criação de empregos e da modernização tecnológica", acrescenta o referido diploma.

"Tendo em vista a salvaguarda da posição dos empresários, pretende-se garantir em certa medida o carácter temporário e minoritário das participações das sociedades de capital de risco, vedando-se a sua utilização como sociedades de controlo, mas sem prejuízo da sua viabilidade, atenta a fase de incipiente desenvolvimento do nosso mercado de capitais", sublinha o Decreto-Lei fundador da actividade de capital de risco em Portugal. De notar que as SCR constituem-se como sociedades comerciais sob a forma de sociedade anónima de responsabilidade limitada, devendo possuir um capital social não inferior a 300.000 contos (cerca de um milhão e meio de euros).

Em 1991, o Decreto-Lei n.º 433/91, de 7 de Novembro, funde os regimes jurídicos das Sociedades de Capital de Risco (Decreto-Lei n.º 17/86, de 5 de Fevereiro) e das Sociedades de Fomento Empresarial (Decreto-Lei n.º 248/88, de 15 de Julho), entidades de características próximas das sociedades de capital de risco, especialmente vocacionadas para o apoio a jovens empresários. Com esse diploma procurou-se estimular a renovação do tecido empresarial interno, reduzir o défice externo e, naturalmente, aumentar o emprego. "O presente diploma tem entre os seus objectivos a unificação dos regimes jurídicos das citadas instituições, cuja supervisão será efectuada pelo Banco de Portugal, garantindo-lhes a actuação num domínio mais lato do capital de risco, no apoio a projectos que contribuam para a evolução positiva da economia, bem como um mais amplo conjunto de possibilidades de financiamento das suas actividades", pode ler-se no documento. Agora, as SCR constituem-se sob a forma de sociedade anónima e devem possuir um capital social não inferior a 600.000 contos (cerca de três milhões de euros).

## ÂMBITO E ENQUADRAMENTO DOS FUNDOS DE CAPITAL DE RISCO

O Decreto-Lei n.º 319/2002, de 28 de Dezembro, alterou o regime jurídico das Sociedades de Capital de Risco e de Fomento Empresarial, constante do Decreto- Lei n.º 433/91, de 7 de Novembro, bem como o regime jurídico dos Fundos de Capital de Risco, constante do Decreto-Lei n.º 58/99, de 2 de Março. O novo enquadramento jurídico relativo à realização de operações de capital de risco em Portugal elege como veículos alternativos os Fundos de Capital de Risco (FCR) e as Sociedades de Capital de Risco (SCR).

Mediante o novo regime, os Fundos de Reestruturação e Internacionalização Empresarial foram integrados nos Fundos de Capital de Risco e foi suprimida a distinção existente entre as Sociedades de Fomento Empresarial e as Sociedades de Capital de Risco. Estas últimas deixaram de ser qualificadas como sociedades financeiras e restringiu-se o seu objecto social de forma a se concentrarem no desenvolvimento da actividade para que foram constituídas. De acordo com o estabelecido no n.º 1 do artigo 12.º deste diploma, os FCR constituem-se como patrimónios autónomos pertencentes a um conjunto de titulares das respectivas unidades de participação.

Os Fundos de Capital de Risco encontram-se divididos em partes denominadas por unidades de participação, as quais conferem iguais direitos, desde que pertençam à mesma categoria, podendo assumir dois tipos: Fundos para Investidores Qualificados (FIQ), caracterizando-se por as unidades de participação que os constituem se destinarem unicamente a ser subscritas ou adquiridas por investidores qualificados (na acepção conferida pelo n.º 2 do artigo 13.º); Fundos Comercializáveis junto do Público (FCP), cujas unidades de participação são susceptíveis de ser subscritas ou adquiridas por quaisquer categorias de investidores (incluindo público).

As unidades de participação em FIQ são representadas através de títulos de crédito nominativos designados por certificados (n.º 1 do artigo 39.º), enquanto as unidades de participação em FCP são valores mobiliários nominativos, que podem assumir a forma escritural ou titulada (n.º 1 do artigo 47.º). Os FCR, dada a sua natureza, não permitem o resgate das respectivas unidades de participação emitidas, sendo, as respeitantes aos FCP, passíveis de serem negociadas em mercado regulamentado. As unidades de participação emitidas por um mesmo FCR caracterizam-se por poderem conferir diferentes direitos aos participantes, nomeadamente no que respeita à atribuição de rendimentos, à ordem pela qual são reembolsadas ou à partilha do activo resultante do saldo de liquidação. As unidades de participação que confiram direitos iguais aos respectivos titulares constituem uma categoria.

O património dos Fundos de Capital de Risco pode ser composto por participações em sociedades com potencial elevado de crescimento e valorização, por créditos sobre sociedades em que participem ou em que se proponham participar e, de forma acessória, por instrumentos financeiros.

5 · ENQUADRAMENTO LEGAL E FISCAL

Portugal possui desde 2003, altura em que o ex-ministro da Economia Carlos Tavares reformulou totalmente o então completamente desajustado enquadramento jurídico e fiscal, ao nível legal uma situação que não apresenta significativos obstáculos à actividade de capital de risco nem para o sector formal dos Fundos, nem para o mais informal dos *business angels* cuja actividade foi reconhecida em 2007 pelo Decreto-Lei n.º 375/2007. Já no que respeita à fiscalidade nacional deu-se recentemente um significativo retrocesso. As condições que foram em 2010 concedidas aos *business angels* portugueses em matéria de benefícios fiscais que permitiam deduzir à Colecta de IRS 20% do valor dos seus investimentos, em projectos inovadores, até ao limite de 15% da citada Colecta, foi limitada em 2011 para... 100 euros. Os *business angels* precisam deste tipo de estímulos. No Reino Unido, país com o maior número de *business angels* na Europa, as condições fiscais foram revistas no sentido inverso com a dedução em sede fiscal, até agora de 20% do valor do investimento, aumentado para 30% e com o respectivo limite a ser duplicado para 1,14 milhões de euros (1 milhão de libras). Não se deve pensar que os *business angels* não querem pagar impostos. Deve-se pelo contrário reconhecer que são indivíduos que podiam ter o dinheiro a render em investimentos mais seguros mas que preferem canalizá-lo para projectos inovadores com grande potencial de crescimento que está provado serem o tipo de empresas que geram mais emprego, sobretudo qualificado. A aplicação de benefícios fiscais é exclusivamente uma forma de compensar o risco e nunca o substitui.

A alteração do Decreto-Lei n.º 319/2002, de 28 de Dezembro, pelo Decreto-Lei n.º 151/2004, de 29 de Junho, veio estender as competências da CMVM no que respeita à definição do modelo de organização da contabilidade dos Fundos de Capital de Risco (FCR) e das Sociedades de Capital de Risco (SCR), expressas no Regulamento da CMVM n.º 12/2005, de 9 de Dezembro. Apesar de se estar perante dois veículos de capital de risco diferentes no plano formal, o facto de prosseguirem objectivos análogos justifica a opção por um plano de contas comum a ambos. Na sua definição procurou-se reflectir as principais tendências internacionais, no capital de risco e na contabilidade, bem como a evolução regulamentar recente em Portugal. Assim, adoptou-se o Plano Oficial de Contabilidade (POC), sem prejuízo de, atendendo às naturais especificidades dos FCR e SCR, terem sido detalhados alguns movimentos e critérios de contabilização. Complementarmente, concretizou-se a lista de contas extrapatrimoniais, de molde a salientar os compromissos típicos do capital de risco. Em matéria

CAPITAL DE RISCO

de transparência, acrescentam-se às exigências presentes no POC notas anexas orientadas para a prestação de informação específica sobre a actividade de capital de risco. Por último, em face das normas vigentes em matéria de consolidação de contas e nos casos em que essa consolidação não seja obrigatória, estabelece-se que, por princípio, as SCR e FCR não consolidam contas com as respectivas participadas, sendo a opção em contrário sujeita a prévia autorização pela CMVM.

A revisão do regime jurídico do capital de risco efectuada pelo Decreto-lei n.º 375/2007, de 8 de Novembro, trouxe várias alterações às regras existentes, obrigando assim à adaptação das normas regulamentares sobre a referida matéria. De entre as novidades introduzidas pelo referido Decreto-lei assume particular relevo a consagração legal dos Investidores em Capital de Risco (*business angels*) e as medidas de simplificação administrativa, como a submissão da constituição dos Fundos de Capital de Risco e o início de actividade dos ICR a mero registo prévio simplificado. A organização da contabilidade manteve a sua sede regulamentar no Regulamento n.º12/2005 da CMVM, de 9 de Dezembro.

# Sexto capítulo

## Impacte económico do Capital de Risco

### CRIAÇÃO DE EMPREGO, CRESCIMENTO E INOVAÇÃO

Com uma necessidade de perto de 20 milhões de empregos nos países da União Europeia, para cumprir as metas e voltar ao pleno emprego na Europa, a criação de postos de trabalho é uma componente fundamental do seu presente e futuro. A indústria de *private equity* e de capital de risco está no coração da economia europeia, investindo activamente e apoiando empresas de elevado potencial nos sectores tradicionais, como na criação de empresas inovadoras. Este investimento contribui para melhorar e sustentar o crescimento, apoiar a inovação e a criação de postos de trabalho na Europa. Como as elevadas taxas de desemprego constituem um dos maiores problemas actuais na Europa, muitas das atenções concentram-se na contribuição da indústria para a criação de postos de trabalho e emprego em geral. Desta forma, várias instituições europeias, nomeadamente, em França, Alemanha, Reino Unido e Espanha, fizeram estimativas da contribuição da indústria para o emprego em cada um destes países.

Nos últimos anos, os Fundos de *private equity* e de capital de risco europeus aumentaram mais de seis vezes, de 5.500 milhões de euros, em 1995, para um recorde de 36.900 milhões de euros, em 2004, de acordo com um estudo da EVCA, conduzido pelo Center for Entrepreneurial and Financial Studies (CEFS), da Universidade Técnica de Munique. Em conformidade,

CAPITAL DE RISCO

o número de empresas que beneficiou destes investimentos subiu, de 5000, em 1995, para 7000, em 2004. Neste último ano, dois terços do investimento em *private equity* e capital de risco foi investido em companhias em fase de *buyout* (26.600 milhões de euros), sendo o restante investido em capital de risco (10.300 milhões de euros). Dado que as empresas em fase de *buyout* são mais maduras, a média de investimento é mais elevada. No entanto, mais de três quartos das companhias financiadas (5.557) foram-no em capital de risco, contra 1427 em fase de *buyout*.

Paralelamente, a contribuição da indústria de *private equity* e capital de risco para a criação de emprego, o crescimento e a inovação na Europa aumentou. O seu papel no rejuvenescimento e reestruturação de companhias existentes, tal como no apoio e financiamento de empresas inovadoras é sobejamente reconhecido, por diversos estudos e análises económicas sobre o impacte social do *private equity* e do capital de risco a nível europeu e nacional: mais de um milhão de novos empregos criados por companhias financiadas por *private equity* e capital de risco europeus, entre 2000 e 2004; 420 mil novos postos de trabalho criados por empresas financiadas em *buyout* (resultado líquido depois das reduções operadas nos anos subsequentes ao investimento); e 630 mil novos empregos criados por empresas financiadas pelo capital de risco, no mesmo período. Em conclusão, a criação de emprego cresceu, anualmente, 5,4%, entre 2000 e 2004, uma taxa oito vezes superior ao crescimento total do emprego numa União Europeia a 25 (0,7%).

As empresas financiadas por *private equity* e capital de risco empregavam mais de seis milhões de pessoas, em 2004, o que representa 3% dos 200 milhões de trabalhadores activos na Europa, com destaque para as companhias financiadas em *buyout* (83% do emprego e cerca de cinco milhões de pessoas). O mesmo estudo concluiu que o emprego cresceu a uma média anual de 2,4%, nestas companhias, entre 1997 e 2004. Já nas empresas financiadas por capital de risco, esse crescimento anual foi de 30,5%, com destaque para os sectores da biotecnologia e cuidados de saúde, assim como *spin-offs* de universidades, com 62%.

Entre 1997 e 2004, o emprego nas companhias apoiadas pelo capital de risco consideradas neste estudo cresceram a uma média de 30,5% ao ano, o que representa 40 vezes mais do que o crescimento do emprego (0,7%) na Europa. Um terço das pessoas contratadas por estas empresas trabalham em investigação e desenvolvimento (330 mil), e cerca de 13% possui um doutoramento ou equivalente (PhD).

## CASE STUDIES

## O SUCESSO DA YDREAMS

A YDreams é uma empresa portuguesa fundada em Junho de 2000 por investigadores da área das novas tecnologias: António Câmara, Eduardo Dias, Edmundo Nobre, Miguel Remédio e Nuno Correia, que tinham trabalhado juntos no GASA, um laboratório de Investigação da Universidade Nova de Lisboa – Faculdade de Ciência e Tecnologia. A empresa desenvolve produtos e serviços que utilizam tecnologia pioneira em áreas como computação ubíqua, *media* interactivos, realidade aumentada e sensores biométricos. Trata-se de uma empresa global que está verdadeiramente a redefinir o conceito de interactividade. Ao longo dos últimos anos a YDreams vindo a desenvolver ambientes interactivos, produtos e propriedade intelectual em grande escala, abrindo o caminho para novas tendências no campo da tecnologia e do *design* interactivos.

A YDreams começou por desenvolver jogos móveis baseados em localização real, combinando a posição geográfica dos jogadores com o enredo do jogo, num mundo que vai muito além do desktop e do browser. O seu Reality Computing, um novo paradigma de interacção desenvolvido pela YDreams, integra o universo digital no mundo real através da criação de sistemas sensoriais que dispensam os fios, os teclados ou os botões, abrindo novos caminhos para comunicar e aceder aos conteúdos. A empresa lançou depois os jogos Undercover, Spooks:Mobile (BBC) e Undercover 2: Merc Wars, com grande sucesso em 2003, 2004 e 2005. Em Janeiro de 2006, por ocasião de um aumento de capital, a YDreams recebeu um investimento da ES Tech Ventures (Grupo Espírito Santo) e da Herrick Partners, uma empresa norte-americana, no valor de 8,5 milhões de euros.

O capital da YDreams continua a ser maioritariamente detido pelos cinco sócios-fundadores, tendo António Câmara como CEO desde o seu início. A empresa conta com uma equipa multidisciplinar com cerca de 120 colaboradores, de áreas tão diversas como a engenharia informática, mecânica e eléctrica, o *design* gráfico, de comunicação, industrial, e de interacção, a realidade aumentada, interfaces naturais, interacção humano--computador e robótica. A YDreams conta mais de 600 projectos realizados no mundo inteiro, com clientes e parceiros das mais diversas áreas de mercado, entre as quais Nokia, Vodafone, Adidas, Banco Santander e TMN.

CAPITAL DE RISCO

A empresa tem sido frequentemente referenciada na Imprensa portuguesa como um caso de sucesso no campo das novas tecnologias.

A empresa tem desde 2008 levado a cabo processos de *joint-ventures* e *spin-outs* de tecnologias únicas. Em Janeiro de 2010, a YDreams criou a sua primeira *spin-out*, a Ynvisible, apostada no desenvolvimento de novas tecnologias de *printed electronics* (electrónica impressa). Desde o dia 9 de Fevereiro de 2011, a empresa passou a estar cotada no First Quotation Board (*Open Market*) da Bolsa de Valores de Frankfurt.

No segundo trimestre de 2011, aYVision, a divisão interna da empresa que investiga e desenvolve interfaces naturais e realidade aumentada tornou-se oficialmente a segunda *spin-out* da YDreams. A empresa irá especializar-se no licenciamento de plataformas de programação que permitem gerir aplicações multimédia interactivas, combinando tecnologias como 3D, simulação de física, computação gráfica e interacção gestual, num ambiente estável e eficiente. Com sede em Lisboa, a YDreams possui escritórios em Austin, no Texas (E.U.A.), em Barcelona (Espanha), em São Paulo e no Rio de Janeiro (Brasil).

## WHATEVERNET INTEGRADA NA PARAREDE

Constituída em Novembro de 1997, a WhatEverNet Computing – Sistemas de Informação em Rede, S.A., tem como missão, liderar o mercado nacional de soluções de computação em rede, seguras e de elevada disponibilidade. Em Dezembro de 2004, a empresa foi comprada pela Para-Rede, pelo valor de 23,5 milhões de euros, tendo a integração ocorrido por aumento de capital.

Os accionistas que detinham acções representativas de 95,797% do capital social da WhatEverNet contribuíram para esse aumento com as acções da sociedade (de referir que a sociedade detinha acções próprias representativas de 3,896% do seu capital social), para efeitos do aumento de capital, uma vez que as acções representativas de 95,797% do capital social da WhatEverNet foram valorizadas num valor que superou os 23,5 milhões de euros, sendo as acções da ParaRede emitidas a 0,37 cêntimos. O presidente da WhatEverNet, Carlos Alves, referiu que a companhia precisava de crescer mais rapidamente e, para isso, procurou "encontrar um parceiro com uma massa substancial de receitas e com uma estrutura importante de capitais, com a qual houvesse um relacionamento de complementaridade ao nível dos produtos e dos serviços". Com esta dinâmica de aquisições a ParaRede esperava poder melhorar a sua prestação no mercado internacional, com especial enfoque para mercados como o espanhol, o brasileiro ou o dos PALOP.

O facto de a ParaRede, que entretanto se fundiu com a Consiste para dar origem à Glintt, ter anunciado a compra a WhatEverNet, sem ser através de facto relevante e de, em 2005, ter feito o mesmo em relação à decisão de distribuir dividendos em 2996 (com consequente reflexo nas cotações), levou a CMVM a aplicar uma multa e 100 mil euros, em 2006. A decisão do regulador foi contestada pela ParaRede, tendo sido posteriormente confirmada pelo Tribunal da Relação de Lisboa, em 2010.

## AFIRMAÇÃO E CRESCIMENTO DA CRIOESTAMINAL

A Crioestaminal – Saúde e Tecnologia, criada em 2003 por um conjunto de profissionais e empresas da área da saúde, é pioneira e líder em Portugal no isolamento e criopreservação de células estaminais do sangue do cordão umbilical, sendo o único laboratório autorizado pelo Ministério da Saúde, através da Autoridade para os Serviços de Sangue e da Transplantação (ASST). Actualmente, são já mais de 40.000 os pais que confiaram à Crioestaminal a responsabilidade de guardar as células estaminais dos seus filhos. Um dos marcos da Crioestaminal dá-se em 2006 com a construção dos laboratórios no Biocant Park. Ainda em 2006, a Crioestaminal criou o Genelab – Diagnóstico Molecular, empresa que se dedica ao diagnóstico de doenças em fase precoce por técnicas de biologia molecular.

O objectivo do fundo de *private equity* Explorer I quando entrou na empresa, em 2007, passava por consolidar a liderança da Crioestaminal no mercado português, bem como apoiar os seus projectos de internacionalização. O objectivo das empresas de capital de risco passa pela aposta em empresas onde identificam potencial, mas cuja gestão não está a conseguir os seus objectivos ou que estão em fase de lançamento, necessitando de capital para crescer. O *private equity* visa rentabilizar o negócio, para depois fazer uma mais-valia com a alienação das participações. Em 2009, a capital de risco Explorer Investments concluiu a alienação da sua participação na Crioestaminal, com uma taxa de rentabilidade superior a 60% (isto é, quatro vezes superior à média de uma boa rentabilidade, que normalmente se situa nos 15 por cento) e foi determinante na afirmação e crescimento da

CAPITAL DE RISCO

empresa, permitindo a criação de valor para os accionistas e contribuindo, simultaneamente, para o seu reconhecimento internacional. O fundo norte-americano Riverside Company esteve na origem da aquisição desta participação de 67%, passando a ser o principal accionista da empresa. A Riverside Company é uma capital de risco especializada na compra e gestão de pequenas e médias empresas e, desde 2008, gere uma carteira de 68 empresas, factura cerca de 2,5 mil milhões de euros e emprega cerca de 14.000 pessoas.

A Crioestaminal está também presente em Espanha e em Itália. Fruto de uma estratégia de reforço do crescimento e presença no mercado espanhol, o Grupo Crioestaminal adquiriu recentemente a marca *Celvitae*, com sede em Madrid, adoptando o seu nome e passando a integrar um laboratório de processamento de amostras. A Crioestaminal investe uma parte significativa das suas receitas no desenvolvimento de projectos de investigação, com o objectivo de alargar o âmbito de aplicações terapêuticas das células estaminais do sangue do cordão umbilical. Desenvolve vários projectos em conjunto com entidades de investigação, como o Instituto Superior Técnico de Lisboa, o Biocant Park ou o Centro de Histocompatibilidade do Centro. A Crioestaminal é uma empresa do programa MIT Portugal. Além disso, no sentido de estimular a investigação de qualidade nesta área, a Crioestaminal, juntamente com a Associação Viver a Ciência, lançou em 2005 a primeira edição do Prémio Crioestaminal de Investigação em Biomedicina.

## CHIPIDEA ALIENADA NO *TIMING* CERTO

A Chipidea foi fundada em 1997 e especializou-se no desenvolvimento de semicondutores analógicos e de sinal misto para a área de comunicações, tendo chegado a deter um dos portfólios mais completos a nível mundial. Em Janeiro de 2007, o Fundo de Capital de Risco Espírito Santo Ventures anunciou a sua entrada no capital da Chipidea, consubstanciado num investimento de cinco milhões de euros. A empresa liderada por José Epifânio da Franca pretendia expandir o seu negócio de desenvolvimento de semicondutores e reforçar a sua estratégia de aquisições, aumentando as valências em Investigação e Desenvolvimento. O fundo de capital de risco especializado em tecnologia do Grupo Espírito Santo assumiu uma posição no capital da Chipidea cujo valor não foi divulgado, mas tudo indica que deverá ter sido pago um prémio, já que o capital social da Chipidea correspondia, na época, a cinco milhões de euros, o mesmo valor investido pela ES Ventures.

Curiosamente, em Agosto do mesmo ano, a tecnológica foi comprada pela empresa norte-americana MIPS Technology, por um valor superior a 100 milhões de euros. Segundo a Imprensa, o grupo de Sillicon Valley pagou 147 milhões de dólares em dinheiro e cerca de cinco milhões de dólares em acções suas cotadas no Nasdaq. A Chipidea empregava mais de 260 pessoas em várias localizações e foi considerada pela GrowthPlus como uma das 500 empresas que mais se distinguiram na Europa em termos de crescimento de emprego e de volume de negócios.

O negócio deveria ter criado o segundo maior grupo mundial no *design* de semicondutores, com 15% a 20% do mercado, e o fornecedor número um de IP analógico, mas a história não conheceu um final feliz. Um ano depois, a MIPS optou por fazer um *write off* (perda de valor) de 103,1 milhões de dólares (70,1 milhões de euros), operação que incidirá essencialmente no negócio analógico da empresa portuguesa. Os americanos justificaram esta desvalorização de 70% do negócio com o abrandamento do mercado relacionado com a propriedade industrial, área onde se movimentava a Chipidea. Outra das razões para a desvalorização prendeu-se com o facto das expectativas que a tecnológica norte-americana criou em trono do potencial da Chipidea, em termos de sinergias, não terem sido alcançadas. A marca foi descontinuada e o que restou da companhia portuguesa foi totalmente integrado na MIPS Technologies. E, em Maio de 2009, o negócio analógico da empresa americana foi comprado pela Synopsys, por 22 milhões de dólares.

## GENERG PRODUZ 2% DA ELECTRICIDADE CONSUMIDA EM PORTUGAL

Criado em 1988, o Grupo Generg reúne um conjunto de empresas que têm por missão a construção e exploração de aproveitamentos de produção de electricidade a partir de fontes renováveis, valorizando recursos endógenos nacionais. O capital da Generg é maioritariamente português, tendo como accionistas a Lusenberg (57,5%), empresa constituída por um conjunto de instituições portuguesas (Fundação Oriente, Fundo Novenergia, FLAD – Fundação Luso Americana para o Desenvolvimento e Partex), e o grupo Electrabel (42,5%).

CAPITAL DE RISCO

Com um portfólio energético total de cerca de 750MW, composto por 476,6MW já em operação, divididos em 436,5MW eólicos, 33MW hídricos e 7MWp solares. Em desenvolvimento encontram-se os restantes 277MW, divididos por 240MW eólicos em desenvolvimento pelo consórcio Eólicas de Portugal, e 25MW eólicos do Lote 3 da Talagueira mais os restantes 11 MWp solares. A Generg produz actualmente cerca de 2% da electricidade consumida em Portugal.

## SOTRANCO FUNDE-SE NO GRUPO BA

A Sotranco fabrica vidro de embalagem, estando focada em nichos de mercado específicos: alimentar, farmacêutico e cosméticos. A entrada da Espírito Santo Capital no capital accionista da empresa em 2000, em conjunto com outra capital de risco e com a equipa de gestão foi motivada pela necessidade de proceder à recomposição da estrutura de financiamento da empresa e, em simultâneo, de financiar a expansão da mesma. Posteriormente, em 2002, no âmbito de uma operação de MBO a Espírito Santo Capital adquiriu o controlo accionista da empresa, passando a deter 55% do seu capital.

Ao longo do período de investimento, a estratégia da empresa consistiu na consolidação da sua posição de liderança nos nichos de mercado em que actuava, alargando a sua área de intervenção. Nesse sentido, adquiriu 44% do capital social da Vidriera del Atlântico, uma produtora galega de garrafas especiais. Com esta nova unidade, a Sotancro passou a deter uma plataforma Ibérica, aumentando a oferta de serviços e produtos aos clientes bem como a sua capacidade de expansão futura.

Em Agosto de 2007, a empresa foi alvo de uma operação de MBO por parte da equipa de gestão, através da qual a Espírito Santo Capital concretizou o seu desinvestimento, com uma rentabilidade de 3,3 vezes o investimento realizado. No ano seguinte, a Sotancro foi adquirida pelo Grupo Barbosa e Almeida, tendo a fusão por incorporação sido concretizada em 2012.

Por sua vez, a Barbosa e Almeida foi constituída em 1912, tendo evoluído ao longo do século passado, acompanhando a introdução da tecnologia semi-automática (1930), automática (1947), Individual Section (1971) e computorizada (1983) no equipamento de alimentação e moldagem para fabricação de garrafas, bem como fornos regenerativos (1969, 1983 e 1988). Em 1986, José Augusto da Silva Domingues adquire as participações dos accionistas da Sogrape (77%) e da Vínicola do Dão (3%), passando a controlar cerca de 80% do capital da empresa. Em 1987, a Barbosa e Almeida foi admitida à cotação na Bolsa de Valores, permanecendo Silva Domingues como accionista de referência com uma participação maioritária de 54%.

Em 1998, uma empresa do Grupo Sonae adquire 19,9% do capital aos herdeiros de José Augusto Domingues e, em consequência do acordo accionista, passa a deter 49,9% dos direitos de voto, assumindo a gestão da empresa. Em 2003, a BA deixa de ser cotada em Bolsa e passa a ser detida por uma única sociedade, a Bar-Bar-Idade Glass – Serviços de Gestão e Investimentos, que tem como accionistas a Sonae Capital, SGPS; Bar-Bar-Idade, SGPS (detida por Carlos Moreira da Silva); e a Família Silva Domingues.

Em 2004, concretiza-se uma operação de *Management Buy Out* (MBO), em que Carlos Moreira da Silva, a Família Silva Domingues e os administradores e quadros superiores do Grupo BA adquirem a totalidade do capital social da empresa. Em 2005, a sociedade altera a denominação para BA Vidro e empresa mãe para BA Glass I – Serviços de Gestão e Investimentos. Fruto de diversas aquisições e integrações, fazem actualmente parte do Grupo BA, sete fábricas, que produzem diariamente mais de 14 milhões de unidades – garrafas, frascos e boiões – para clientes das indústrias alimentar e de bebidas.

## CONCENTRAÇÃO SUMOL+COMPAL

A Compal foi adquirida à Nutrinveste por empresas do grupo Caixa Geral de Depósitos em 2005, em parceria com a Sumolis, com a qual a Compal se viria a fundir numa operação concluída em 2009. A Sumol+Compal nasce como resultado da integração de duas empresas reconhecidas pela qualidade e naturalidade dos seus produtos que detinham duas marcas históricas nacionais, entre as mais conhecidas, preferidas e consumidas pelos portugueses. Cada uma das empresas que lhe deram origem actuavam no mercado há mais de 50 anos. A Sumolis com origem numa pequena empresa denominada Refrigor, iniciou a actividade em 1945 e a Compal, nascida em 1952.

Em Março de 2010, a Caixa Desenvolvimento SGPS, detida maioritariamente pela Caixa Geral de Depósitos (CGD), alienou 6,92% do capital social da Sumol + Compal ao Fundo de Capital de Risco Grupo CGD Caixa Capital, que passou a deter 19,4% da empresa.

CAPITAL DE RISCO

## IBERSOL: UM MBO ASSOCIADO A UMA OPV

O capital social da Ibersol é constituído por 2.000.000 de acções. Em 1997, a Inparsa, SGPS fez uma OPV das acções que detinha na Ibersol SGPS e, em simultâneo, é lançado um MBO (parcial) sobre a empresa. Com o MBO e a OPV, a Sonae desinvestiu num negócio importante e com um elevado potencial, mas que saía fora do seu *core business*. Os adquirentes da Ibersol via MBO eram antigos quadros do grupo Sonae (Alberto Teixeira e Pinto de Sousa). Ambos os gestores já tinham assumido funções em várias subsidiárias da Sonae, tendo, nomeadamente, sido directores financeiros da Ibersol em alturas diferentes. Como os gestores que assumiram a liderança da empresa não pretendiam adquirir a totalidade do capital, mas apenas a quantidade suficiente para garantirem o seu domínio, o MBO efectuado foi parcial. Daí a Sonae ter realizado em simultâneo uma OPV.

A realização do MBO implicou a criação de uma nova empresa (a IES), a qual teve por objectivo reunir os accionistas da Ibersol cuja liderança foi assumida por Alberto

Teixeira e Pinto de Sousa. Esta sociedade ficou detentora de 50.1% do capital social da Ibersol. A IES é detida inicialmente em 67.95% por Alberto Teixeira e Pinto de Sousa, 18.75% pela Inparsa e 13.3% pelo BPI. A participação da Inparsa no capital social da Ibersol evidencia o interesse de ligação da Sonae ao projecto e ajuda ao vendedor na tomada de controlo pelo comprador. Além disso, essa ligação é vantajosa do ponto de vista comercial para a Ibersol, principalmente ao nível da localização dos estabelecimentos e dos fornecimentos. A ligação do BPI fundamenta-se por ter sido este banco a apoiar a operação. A realização simultânea das operações de MBO e OPV permitiu que se formasse um preço de mercado das acções para os gestores e para os pequenos investidores.

A realização da operação de MBO não trouxe alterações significativas à Ibersol, quer em termos de estratégia, organização e mesmo na relação privilegiada existente com o grupo Sonae. Estrategicamente, a Ibersol manteve os objectivos anteriormente definidos, os quais assentavam na detenção de uma carteira de marcas diversificada e na actuação em vários segmentos de mercado. A participação da Inparsa e a liderança da Ibersol por antigos quadros do grupo assumem importância fulcral na manutenção da relação privilegiada com o grupo Sonae. Esta relação prende-se fundamentalmente com dois factores de sucesso deste negócio – a localização e os fornecimentos de matérias-primas.

O relacionamento com a Sonae revela-se fundamental, na medida em que este grupo é actualmente o maior construtor e gestor de empreendimentos comerciais. Tal garante à Ibersol a localização em zonas consideradas estratégicas. Note-se que uma má localização de estabelecimentos de *fast food* poderá comprometer o investimento efectuado. Relativamente à vertente operacional, os estabelecimentos da Ibersol estão dotados de um sistema de informação bastante desenvolvido que transmite as necessidades de matérias à sede e ao fornecedor – a Modis. A Modis é uma empresa subsidiária do grupo Sonae especializada em logística, que procede ao abastecimento do Continente e do Modelo. O recurso a este fornecedor permite à Ibersol tirar partido das economias de escala do grupo Sonae, através do 'arrastamento' dos seus fornecimentos com os do Modelo e Continente. O pagamento deste serviço é bastante mais económico que o custo de montagem de uma rede de fornecimentos.

A Ibersol é um grupo com implantação ibérica, que se posiciona no negócio da alimentação organizada respeitando os valores da qualidade, da segurança e do ambiente, baseada em recursos humanos qualificados e motivados. O Grupo Ibersol explora cadeias de restaurantes, de marcas próprias e franqueadas, com unidades dispersas por todo o país e em algumas cidades de Espanha. No final do ano de 2011, o Grupo Ibersol detinha 317 unidades próprias em Portugal e 102 em Espanha; mais de 4164 colaboradores em Portugal e 1276 em Espanha; e um volume de negócios de 147 milhões de euros em Portugal e de 51 milhões de euros em Espanha. São marcas Ibersol do segmento restauração: Pizza Hut, KFC, Pans & Company, ò Kilo, Pasta Café, Burguer King, Café Sô e Bocatta. Silva Carvalho Catering e Sugestões e Opções são as duas marcas do segmento catering.


## APOGEU E QUEDA DA MACONDE

A Maconde nasceu de um projecto de investimento estrangeiro do grupo holandês Macintosh que se instalou em Vila do Conde, em 1969, a produzir calças de homem. O grupo Maconde, chegou a ser o maior em confecção a nível nacional e a facturar mais de 130 milhões de euros por ano, empregando cerca de dois mil trabalhadores distribuídos por várias unidades fabris e lojas comerciais. Em 1993, os holandeses anunciam a intenção de abandonar Portugal e um grupo de quadros da empresa, liderados por

CAPITAL DE RISCO

Joaquim Cardoso (que acabaria por sair da empresa em 2002), concretizam o primeiro e o maior MBO realizado à época em Portugal (no valor de 13,5 milhões de euros).

Poucos anos depois, fruto de uma estratégia comercial que falhou e de uma aposta industrial que já não garantia o retorno de outros tempos, o grupo começou a 'emagrecer', com o encerramento de fábricas em Braga, Póvoa de Varzim e Marrocos, e a venda, entre outros activos, das lojas Macmoda e Tribo. É neste contexto que, em 2007, o ministro da Economia, Manuel Pinho, e o secretário de Estado, Castro Guerra, apareceram a promover um acordo entre a empresa e a banca, que além da reestruturação financeira que já estava negociada, contemplava a entrada de sete milhões de euros de dinheiro fresco para financiar a actividade corrente e, ao que tudo indica, a saída de alguns dos sócios do primeiro MBO e a entrada de gestores no capital, com o apoio das capitais de risco do Estado. Os promotores prometeram um plano de recuperação do grupo.

A aquisição da Macvila e da Mactrading foi realizada em 2007, no âmbito do processo de falência da Maconde. A compra, pelo preço simbólico de um euro, foi 'apadrinhada' pelo antigo ministro da Economia Manuel Pinho, que se envolveu no acordo que permitiu aos bancos aceitar o património como contrapartida das dívidas. O sindicato bancário (BCP e CGD) disponibilizou cerca de seis milhões de euros para o relançamento da empresa. Os novos donos, Luísa Rocha e José Amorim, que na altura afirmaram ter sido 'empurrados' para a frente da empresa, tinham-se comprometido a fazer dois aumentos de capital, um no valor de 500 mil euros, para cerca de 1,4 milhões de euros, efectivamente realizado, e outro de cerca de três milhões de euros, para 4,5 milhões de euros, que não foi concretizado. Na altura, a têxtil comprometeu-se a manter os cerca de 500 postos de trabalho, mas, no início de 2010, na Macvila e Mactrading laboravam apenas um total de 394 pessoas. No dia 8 de Janeiro, a Macvila entrou em processo de insolvência e, em Março, acabou por dispensar os trabalhadores e fechou portas, ficando apenas a parceira Mactrading a laborar. Em Maio, mais 80 operários receberam cartas de despedimento da administração e abandonaram a empresa, tendo a unidade ficado reduzida a cerca de 70 pessoas. Também estas acabaram por rescindir os contratos de trabalho e a unidade fechou definitivamente as portas no dia 10 de Novembro de 2010.

# Sétimo capítulo

# Futuro e tendências do Capital de Risco

## CRISE FINANCEIRA GERA OPORTUNIDADES DE INVESTIMENTO

Ao longo dos anos 90, os investimentos em capital de risco foram dominados pelas tecnologias e serviços da Internet, até ao colapso de 2001. Os investimentos cresceram gradualmente desde 2003, regressando aos níveis anteriores à 'bolha': alta tecnologia (31%), ciências da vida (16%) e energia (11%), são os três sectores de topo em fases iniciais de investimento. Desde a 'bolha' das *dotcom* surgiram poucas oportunidades para realizar mais-valias de investimentos de capital de risco através de IPO. Com esta via fechada, as vendas no sector (*trade sales*) tornaram-se predominantes para as capitais de risco saírem dos seus investimentos. Por outro lado, o seu portfólio tem aumentado, e as Sociedades de Capital de Risco passaram a deter e a financiar mais empresas e, efectivamente, a movimentarem-se na área da expansão do investimento em capital. No entanto, o aumento de capital deverá tornar-se uma fonte importante de fundos, nos próximos anos, com oportunidades concretas de expansão, dado o declínio do financiamento bancário em consequência da crise financeira. Em contrapartida, deverá criar oportunidades promissoras de investimento para capitais de risco com capital disponível.

A captação de fundos de capital de risco segue o ciclo do mercado. Durante os períodos de *boom*, os fundos expandem-se e novas Capitais

CAPITAL DE RISCO

de Risco surgiram no mercado. Quando os capitais descem, assim diminuem os fundos disponíveis para alocar a capital de risco. O *boom* no crédito permitiu às Sociedades de Capital de Risco financiarem maiores e maiores aquisições, as chamadas *megadeals leverage buyout*, envolvendo companhias cotadas em Bolsa. Algumas grandes companhias (avaliadas em mais de 5000 milhões de euros) foram financiadas e são hoje geridas por sociedades de capital de risco. No entanto, o arrefecimento dos mercados de dívida veio reduzir drasticamente a margem para *leverage buyouts* em companhias maduras, e em vez de realizarem novos investimentos, as sociedades de capital de risco centram-se mais no apoio à gestão do seu portfólio.

Tal como noutros períodos de recessão, os próximos anos serão um bom momento para as Capitais de Risco fazerem investimentos ou efectuarem aquisições estratégicas para os seus portfólios. A chave para o futuro da indústria está no encontrar de novas formas de investir o capital disponível, de forma a demonstrar as suas competências: uma melhor governança em benefício dos investidores de longo prazo.

Longe de estar 'não regulamentado', a indústria do capital de risco está sujeita a muitos regulamentos. Dado que a indústria do capital de risco não representa um risco sistémico e é parte da solução para a crise económica actual, não há obviamente nenhuns ganhos em mais regulação. Pelo contrário, existe o risco de que uma regulação mal elaborada possa prejudicar o impacte positivo do capital de risco na recuperação da economia europeia.

O capital de risco reconhece que, para ganhar a confiança do sistema financeiro, os *standards* profissionais da indústria necessitam de estar uniformizados em toda a Europa. A actual situação da indústria do capital de risco caracteriza-se pela co-existência de orientações cobrindo os mesmos tópicos. Embora as diferenças tendam a ser mínimas, esta situação cria a percepção de que a auto-regulação é feita ao acaso.

Para obter estes resultados, a União Europeia precisa de um quadro regulamentar que apoie um mercado de capital de risco dinâmico e competitivo, que aumente a capacidade europeia para atrair fundos de investimento. O capital de risco pode, assim, tornar-se numa oportunidade para demonstrar os seus benefícios para a economia europeia e que é um actor responsável nos mercados financeiros.

Nos últimos anos, surgiram considerações sobre o papel do capital de risco numa economia europeia mais alargada, nomeadamente, em rela-

7 · FUTURO E TENDÊNCIAS DO CAPITAL DE RISCO

ção a alguns investimentos de elevado perfil que suscitaram a atenção da comunicação social. A indústria reconhece que deve empenhar-se com os decisores políticos e outras autoridades potencialmente abrangidas pelos seus investimentos e comunicar de uma forma mais efectiva o seu papel de suporte ao crescimento das empresas em que investe. Mais adiante, a indústria do capital de risco tomará um papel activo no debate político contínuo sobre a resposta a dar aos desafios colocados pela crise financeira global e a recessão económica.

Ao enquadrar este debate, necessita de ser reconhecido que a indústria do capital de risco compreende um largo espectro de fundos de investimento, no que respeita à sua dimensão, estrutura legal e estratégia de investimento. *Private equity* incorpora o capital de risco, capital de expansão, *leveraged buyout*, serviço de dívida e recuperação de empresas.

Assistir-se-á a uma mudança que irá ter um maior enfoque nos sectores iniciais de financiamento, admitindo por isso que a indústria será capaz de eliminar a actual falha de mercado. De facto em sintonia com o resto da Europa, surgiram em Portugal novos fundos de *early stage* no valor de 87 milhões de euros, os quais terão de ser aplicados obrigatoriamente em novos negócios até ao final de 2013. Por sua vez a comunidade portuguesa de *business angels* deu um passo histórico ao aderir em grande número ao novo Fundo de Co-Investimento promovido no âmbito do Programa Compete, que foi criado especificamente para as fases mais iniciais de investimento e que conta com uma capacidade de investimento de 42 milhões de euros, alavancada por mais de 200 *business angels* através de 54 entidades veículo. Refira-se a propósito que tendo ficado operacional a formalização dos contratos de financiamento estabelecidos entre cada uma das 54 entidades veículo e a PME Investimentos – Sociedade Gestora do citado Fundo de Co-Investimento – estas entidades já efectuaram 11 investimentos em novas empresas num total de 2,7 milhões de euros criando assim fortes expectativas de que os próximos meses serão caracterizados por um forte número de investimentos por parte da comunidade de *business angels* nacionais.

Instituído por Resolução do Conselho de Ministros n.º 11/2012, de 3 de Fevereiro, o Programa Revitalizar é uma iniciativa do Governo que tem por missão optimizar o ambiente legal, tributário e financeiro do tecido empresarial português, tendo em vista a revitalização de empresas economicamente viáveis, que se se encontram numa situação financeira desfavorável ou desajustada do seu modelo de negócio. Entre outros, o Programa Revitalizar tem como objectivo reforçar os instrumentos financeiros disponíveis para a capitalização das empresas, com particular enfoque no capital de risco e em fundos de revitalização de cariz regional. Neste contexto e para além da reestruturação do sector público de capital de risco em curso, será estimulada a criação de Fundos de Revitalização e de Expansão Empresarial (fundos de *turnaround*), de âmbito nacional e regional, para apoiar a revitalização de PME. O mercado vai crescer pela intervenção destes novos fundos de reestruturação, mas sem a garantia de que o nível de investimento, porque estão a entrar em empresas em dificuldades, vá também crescer. Vai crescer, mas pelas piores razões.

Em Junho último, a tão esperada reforma do capital de risco público veio dar ênfase a um maior apoio às *start up*, desde que tenham projectos à escala global. A palavra de ordem é a internacionalização. Assim como os estrangeiros querem investir em Portugal, também as Sociedades de Capital de Risco portuguesas o querem fazer no exterior, directamente ou em co-investimento. As que têm um espírito global e dimensão. Há uma dimensão crítica: mais de 50 milhões de euros sob gestão, é o que permite a estas empresas começar a dar 'saltos', senão estão no mercado interno.

Resultado da fusão dos três organismos estatais que geriam esta actividade – InovCapital, Turismo Capital e AICEP Capital Global –, a Portugal Ventures vai gerir fundos da ordem dos 600 milhões de euros e anunciou uma liquidez de 140 milhões de euros para financiar novos projectos de *start up* nas áreas das ciências da vida, tecnologias de informação, comunicação, electrónica e web, e recursos endógenos – com particular destaque para a floresta, economia do mar e agro-indústria. O Estado está a concentrar, para passar a ter uma voz e fica claro o que está a fazer. O Estado não se está a substituir. Muitas vezes, está a tentar fechar falhas de mercado. Foi também anunciada uma plataforma de ignição, com o objectivo de dinamizar o acesso do capital de risco a projectos com origem em incubadoras e centros de incubação de base científica e tecnológica. O projecto conta com parcerias com as principais incubadoras e centros de empreendedorismo, entre eles a Incubadora Pedro Nunes e a ANJE, e pretende cobrir rapidamente todo o território nacional.

## GRANDES TENDÊNCIAS

A indústria do capital de risco deverá contrair nos mercados tradicionais (Estados Unidos e Europa) e crescer nos mercados emergentes (China, India e Brasil), concluem os mais recentes estudos de Global venture Capital Survey (2010 e 2011), da Deloitte & Touche. Estima-se que os investidores transfiram mais fundos para os mercados emergentes, embora os investimentos *cross border* tendam a estabilizar. A maioria dos inquiridos no Brasil, China e Índia (92%, 91% e 76%, respectivamente) afirma que os investidores estão mais motivados para apostar nos seus países. Entre os que investem fora dos seus mercados nacionais, mais de metade (57%) espera aumentar esta actividade nos próximos cinco anos, enquanto 35% planeia manter o actual nível de investimento no exterior.

### NÚMERO DE SOCIEDADES DE CAPITAL DE RISCO EM DECLÍNIO NOS MERCADOS TRADICIONAIS; EXPECTATIVA DE CRESCIMENTO NOS MERCADOS EMERGENTES

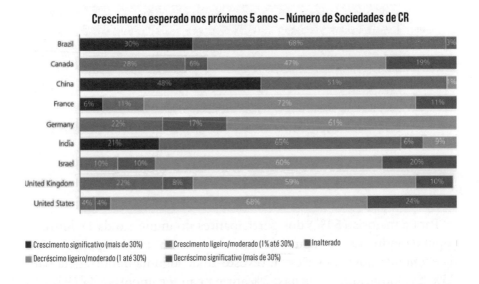

Apesar dos novos desafios, as sociedades de capital de risco estão optimistas relativamente à qualidade do fluxo de negócio. Paralelamente, o enquadramento político, regulamentar e do mercado poderá causar um efeito de travão ao investimento em capital de risco. Para 61% dos participantes, estas políticas afectarão significativamente as comunidades empresariais. Mais de 80% dos investidores em capital de risco considera que as Ofertas Públicas Iniciais (IPO) nos seus países são muito diminutas e que os retornos gerados por estes IPO são fundamentais para assegurar retornos superiores e capital de crescimento para o desenvolvimento dos portfolios das suas companhias.

Brasil, China e Índia assistirão a um crescente número de instituições de capital de risco e de captação de fundos, enquanto, o Canadá, a França, a Alemanha, Israel, o Reino Unido e os Estados Unidos assistirão a um decréscimo nas duas vertentes.

**TENDÊNCIA SIMILAR NO TOTAL DE CAPITAL DE RISCO DISPONÍVEL PARA INVESTIMENTO NO PAÍS DE ORIGEM NOS PRÓXIMOS CINCO ANOS**

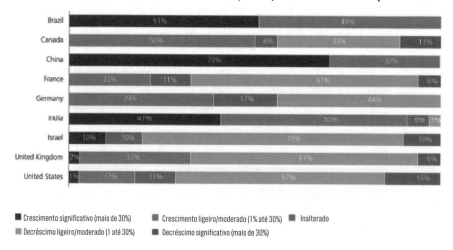

Para a maioria (54%) dos participantes no inquérito da Deloitte, o papel da indústria de capital de risco é muito importante para a saúde da economia norte-americana, reveste-se de alguma importância para 35% dos inquiridos e, apenas, 2% afirma não ter importância (9% não toma posição). De alguma forma, os Estados Unidos continuarão a ser uma força dominante na indústria, revela o referido estudo. Por países, apenas os franceses não antevêem um crescimento no fluxo de negócios. Em contrapartida, brasileiros, chineses, indianos e israelitas, são os mais optimistas relativamente a um acréscimo de negócios.

## O FLUXO DE NEGÓCIOS DEVERÁ PERMANECER FORTE

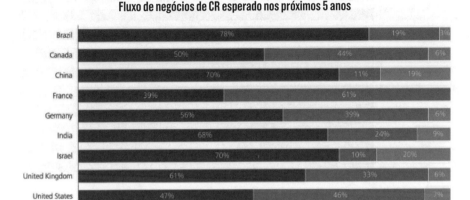

Um meio empresarial em crescimento, constitui, para 59% dos participantes, o principal factor para criar um clima favorável ao desenvolvimento do capital de risco, seguido por um forte enquadramento de Investigação e Desenvolvimento (49%), o crescimento do mercado em cada país (43%), políticas fiscais que incentivem o investimento de risco (35%) e um enquadramento para a retenção de talentos (32%).

Mercados de saída (72%), políticas fiscais desfavoráveis (56%) e regulamentação instável ou indefinida (48%), são vistos como os principais factores para um clima menos favorável. Por sectores de actividade, as tecnologias limpas, os novos media e redes sociais, o *cloud computing*, o biofarmacêutico e os serviços médicos são considerados como os mais promissores, enquanto as telecomunicações, a indústria de semi-condutores e os serviços financeiros registarão o maior abrandamento nos investimentos futuros.

## INVESTIMENTO NO SECTOR NOS PRÓXIMOS 5 ANOS

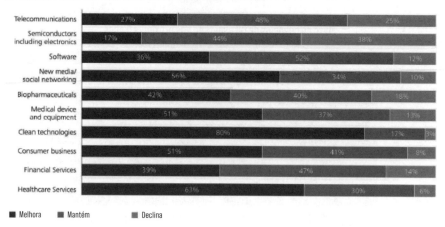

No Venture Capital Forum da EVCA, de 2012, Richard Pelly, CEO do Fundo de Investimento Europeu (EIF), salientou a reemergência do papel dos investidores de longo prazo, das famílias e dos *business angels*; bem como o investimento institucional, conduzido por um apoio esclarecido dos Governos. Para garantir a evolução da indústria do capital de risco, os principais factores a considerar passam pela criação de uma massa crítica e economias de escala; a diversificação (em função da escala); as equipas mistas e a longevidade dos fundos; o ecossistema; e o foco sectorial.

## ESTATÍSTICAS DO CAPITAL DE RISCO EUROPEU *VERSUS* PERFORMANCE DOS FUNDOS DE CAPITAL DE RISCO

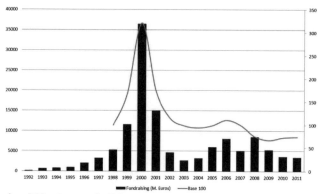

Fontes: Thomson One e EIF Own Resources Portfolio

## PERCENTAGEM DE AGÊNCIAS GOVERNAMENTAIS NA CAPTAÇÃO DE CR

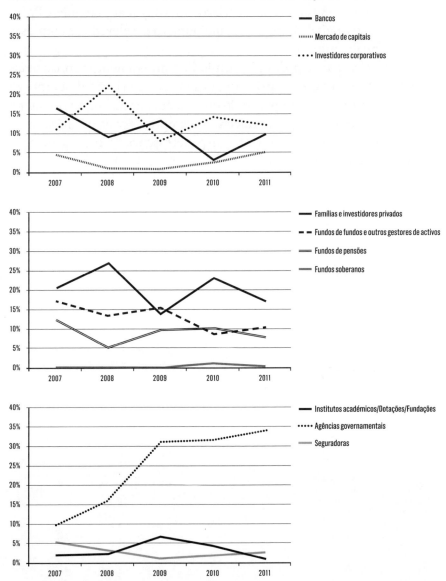

Em França, a AFIC (Associação Francesa dos Investidores para o Crescimento) lançou recentemente um manifesto em defesa do papel económico do capital de investimento, no financiamento de projectos de criação de empresas, aceleração de crescimento ou transmissão de empresas já existentes, por parte de empreendedores sem fundos próprios. Os profissionais

CAPITAL DE RISCO

reunidos no seio da AFIC investiram, em 2011, mais de 10 mil milhões de euros, apoiando 1550 empresas francesas, 80% das quais start-ups e PME. Não existe outro país da Europa com um número tão elevado de empresas apoiadas anualmente.

As empresas participadas pelo capital de investimento representam mais de 10% do emprego privado em França. A criação de emprego progride três vezes mais depressa do que a média nacional. Ao orientar a aplicação de poupanças para projectos de empresas mais promissores, o capital de investimento desempenha um papel essencial para a regeneração do tecido económico.

# Uma indústria que veio para ficar

É frequente lermos ou ouvirmos opiniões empolgadas acerca do *private equity* ou do capital de risco. Estas opiniões, que variam entre as muito positivas e as muito negativas, são muitas vezes expressas de um modo bastante agressivo. Colocando por um momento de lado o facto de estas opiniões serem racionais ou meras especulações, é evidente que, desde logo, a existência e abundância destas opiniões acerca do *private equity* ou do Capital de risco constituem um sinal muito positivo. Um sinal da maturidade alcançada por uma indústria relativamente nova.

Há apenas alguns anos, não se ouvia falar nesta indústria fora dos círculos profissionais. Só foi do conhecimento do público, inicialmente, através da visibilidade de algumas empresas tecnológicas de grande êxito financiadas pelo capital de risco, isto quando mais ninguém financiaria estes projetos numa fase muito inicial, porque estavam centrados em novos produtos ou serviços e muitas vezes em mercados não tradicionais. O sucesso das empresas tecnológicas trouxe alguma visibilidade àqueles que assumiram tais riscos e gerou lucros para os seus investidores.

Após a bolha tecnológica ter rebentado no início do século XXI, tornou-se visível outro tipo de investimento. Ajudados pela existência de grande liquidez nos mercados financeiros e pelo acesso ao financiamento barato, os investidores de *private equity* começaram a investir em empresas cada vez maiores; empresas localizadas na rua principal; nomes bem conhecidos; marcas com as quais as pessoas se importavam, que eram conhecidas dos jornalistas e por estes seguidas. Claro que a visibilidade dada pela Imprensa a alguns desses negócios trouxe um maior escrutínio das operações dos Investidores de *private equity* e deu origem a um novo capítulo de um debate muito antigo: o debate sobre o equilíbrio apropriado entre o interesse do capital e a economia, e o interesse dos parceiros sociais, sejam eles os empregados das empresas ou as cidades nas quais estão localizadas ou a comunidade em geral. Um debate muito empolado pelas medidas políticas que viram neste novo aumento das atividades de investimento um receio legítimo de um potencial desafio ao equilíbrio socioeconómico alcançado ao longo dos anos – se não durante séculos – particularmente na Europa. Noutros casos, infelizmente na maioria dos casos, foi simplesmente uma desculpa para lançar mais uma série de brigas políticas.

O fato é que o *private equity* e o capital de risco fizeram parte do palco onde estas discussões estavam a ocorrer. E isto, por si só, é um sinal de que alcançaram se não a maturidade completa, pelo menos uma dimensão e um impacto significativos na economia. Uma conquista por direito próprio.

Como qualquer outro investimento, nem todos os negócios de *private equity* ou capital de risco são bem-sucedidos em termos económicos ou humanos. E como todas as atividades de investimento, seja ele imobiliário, na bolsa, em infraestruturas, em *hedge funds* ou títulos de dívida pública, o *private equity* beneficiou do excesso de liquidez dos mercados mundiais desde 2003 até ao início da crise nos finais de 2007. Um excesso de liquidez que foi por sua vez facilitado pelo sistema bancário e pelas políticas económicas expansionistas – e muito pouco controladas – adotadas por muitos governos do mundo ocidental.

A grande diferença é que o *private equity* e o capital de risco são um investimento de longo prazo que, como tal, sofre as consequências de qualquer crise e tem de gerir o seu modelo de negócio ao longo dos ciclos económicos.

Mas, para compreender isto, vale a pena olhar para a atividade do *private equity* e do Capital de risco em si mesma, como um leigo.

Como fonte de capital para diversos objetivos: Investimento na fase inicial, expansão, compra para expandir, reviravoltas, ou transferência de propriedade. O *private equity* e o capital de risco investem em empresas na sua maioria não cotadas, com o objetivo de obter mais-valias após um investimento de longo prazo. Este prazo de investimento é em média de cinco a oito anos, embora seja de notar que os períodos de detenção são mais curtos em climas económicos favoráveis e mais longos em economias

UMA INDÚSTRIA QUE VEIO PARA FICAR

onde o crescimento é nulo ou lento. É exercida pressão sobre as empresas não para que distribuam dividendos anuais, mas antes para que implementem uma estratégia acordada que, na devida altura, deverá aumentar substancialmente o valor da empresa.

Essas estratégias variam enormemente: desde o capital inicial para desenvolver um conceito ou um produto, à expansão através de instalações fabris adicionais, ou reposicionamento de marcas e produtos, racionalizando as operações ineficientes ou reestruturando inteiramente as empresas deficitárias, apenas para mencionar algumas. E a forma como o capital é investido depende dessas estratégias.

Mas o *private equity* e o capital de risco são, sobretudo, um subconjunto da Gestão de Ativos. Isto é, a prestação de serviços de investimento aos investidores com vista a facilitarem o acesso às empresas não cotadas; às empresas que estão fora dos mercados bolsistas, que representam a maior parte de qualquer economia. Estas empresas eram no passado da responsabilidade dos seus próprios fundadores, dos seus herdeiros, de alguns amigos e pessoas conhecidas que nelas investiram na altura da sua constituição. Mas também da competência das instituições que as financiavam, quase exclusivamente bancos. Atualmente, o *private equity* e o capital de risco permitem que os investidores acedam a este setor importante da economia.

O *private equity* e o capital de risco não são, no entanto, uma proposta para qualquer investidor. Constituem, pela sua própria natureza, um investimento de longo prazo. É necessário um período mínimo de investimento em cada empresa individual. E consequentemente é necessário limitar este produto de investimento a investidores que tenham um horizonte de investimento de longo prazo e que não necessitem de liquidez no curto prazo: Fundos De Pensões, Programas de Seguros de Vida, Fundos Soberanos ou grandes patrimónios familiares.

Apesar de muito ter de ser ainda feito pela própria indústria de *private equity* e capital de risco para estar à altura da responsabilidade que esta maturidade requer em termos de transparência e responsabilização, parece óbvio que esta é uma indústria que veio para ficar como parte integrante da economia.

A existência de opiniões favoráveis e desfavoráveis é normal e útil, desde que elas estejam suficientemente informadas acerca do modelo de negócio e do impacto do *private equity* e do capital de risco. E é precisamente por isso que este livro é uma iniciativa muito positiva. Há que fazer mais

## CAPITAL DE RISCO

para assegurar que em primeiro lugar os cidadãos e depois os decisores compreendam o papel desempenhado pela indústria de *private equity* e capital de risco e consequentemente construam um leque mais variado de opiniões bem informadas.

JAVIER ECHARRI
Sócio-gerente da GED CAPITAL
Antigo Secretário-Geral da EVCA 2000-2010

# Filantropia de Risco e Capital Privado: um encontro de ideias

O movimento de filantropia de risco (VP) europeu surgiu no início da 1ª década do século XXI levando à formação, em 2004, da European Venture Philanthropy Association (EVPA), uma organização formada com base na sua homóloga de Capital de Risco (Venture Capital) e Capital Privado (Private Equity), a European Venture Capital Association (EVCA).

## A MESMA METODOLOGIA...

A Filantropia de Risco procura utilizar métodos semelhantes aos do Capital Privado, mas em vez de centrar-se nos objetivos financeiros, procura criar um impacto social. Esta é a razão pela qual os investidores em Filantropia de Risco são denominados *"primeiros investidores no impacto"*. Os investidores em Filantropia de Risco financiam ONGs e empresas sociais, cuja principal missão é abordar um problema social. As principais caraterísticas de um investimento da Filantropia de Risco são muitos semelhantes às de um investimento do Capital de Risco/Capital Privado:

- Forte empenhamento – Relações estreitas entre a administração da empresa social ou não-lucrativa e os filantropos de risco;
- Construção da capacidade organizacional – Construir a capacidade organizacional das organizações da carteira, através do financiamento dos principais custos operacionais em vez de projetos individuais;

- Financiamento Personalizado – Utilização de um leque de mecanismos de financiamento adaptados às necessidades da organização apoiada;
- Apoio não-financeiro – Prestação de serviços de valor acrescentado tais como o planeamento estratégico com vista a reforçar a gestão;
- Envolvimento de redes – Proporcionar acesso a redes permite que conjuntos de competências e recursos variados e muitas vezes complementares sejam disponibilizados às organizações alvo de investimento;
- Apoio pluri-anual – Apoiar um número limitado de organizações durante 3-5 anos, saindo quando as organizações apoiadas forem financeira e operacionalmente sustentáveis;
- Mensuração do desempenho – Dar ênfase ao bom planeamento dos negócios, aos resultados mensuráveis, à realização de metas e à responsabilidade e transparência financeira.

## ...MAS DIFERENTES OBJETIVOS

Construir empresas melhores e mais fortes significa criar mais emprego. Além disso, um grande número de sociedades de capital privado e de capital de risco assinou os Princípios para um Investimento Responsável das Nações Unidas (UNPRI), tendo-se pois comprometido a aplicar boas regras ambientais, sociais e de governo das sociedades. O CP/CR tem indubitavelmente um forte impacto social. No entanto, o primeiro objetivo dos investidores de Capital Privado e Capital de Risco é gerar o melhor retorno financeiro possível. O impacto social é uma consequência.

Por outro lado, o primeiro objetivo dos investidores de Filantropia de Risco é ter impacto social. Alguns esperarão igualmente obter "algum" retorno financeiro, enquanto outros estão dispostos a fazerem pura e simplesmente doações.

## UM ENCONTRO DE IDEIAS

Dada a metodologia comum que partilham, e observando como a Filantropia de Risco e o Capital Privado se complementam, não é surpreendente o fato de tantas sociedades de capital privado estarem envolvidas em atividades de filantropia de risco. Para estas sociedades, a filantropia de risco não é uma linha de negócio, é apenas uma forma de "devolver" à sua comunidade.

Inúmeras sociedades de capital privado em todo o mundo desempenham um papel ativo na ajuda e financiamento de atividades filantrópicas de risco*. Não é raro vermos profissionais (desde gestores juniores a sócios seniores) e stakeholders (desde empresários a sócios de responsabilidade limitada) investirem esforços, um conjunto de competências e obviamente dinheiro com vista a criar um impacto social.

Pessoalmente, sinto-me encorajado por este encontro de ideias entre as comunidades filantrópica e financeira...Afinal de contas, independentemente do local onde trabalhamos, não estão os nossos filhos a crescer no mesmo mundo?

SERGE RAICHER
Co-fundador e Presidente da European Venture Philanthropy Association (EVPA)

---

\* Para saber mais ver "A guide to Venture philanthropy for venture capital and private equity investors" publicado pelo EVPA Knowledge Centre http://evpa.eu.com/knowledge-centre/publications/evpa-publications/

# BIBLIOGRAFIA

*1997 EVCA Yearbook – A Survey of Venture Capital and Private Equity in Europe*
*1999 EVCA Yearbook – Editorial Section – Pan-European* Statistics – Directory of EVCA
 Members
*2001 EVCA Yearbook – Annual Survey of Pan-European Private Equity & Venture Capital Activity*
*2003 EVCA Yearbook – Annual Survey of Pan-European Private Equity & Venture Capital Activity*
*2005 EVCA Yearbook – Annual Survey of Pan-European Private Equity & Venture Capital Activity*
*2007 EVCA Yearbook – Annual Survey of Pan-European Private Equity & Venture Capital Activity*
*2008 EVCA Yearbook – Pan-European Private Equity & Venture Capital Activity Report*
*2009 EVCA Yearbook – Pan-European Private Equity & Venture Capital Activity Report*
*2009 Pan-European Private Equity Performance Benchmarks Study*, EVCA Research Paper,
 2010
*2010 EVCA Yearbook – Pan-European Private Equity & Venture Capital Activity Report*
*Actividade do Capital de Risco em Portugal 2005*, APCRI, 2006
*Actividade do Capital de Risco em Portugal 2006*, APCRI, 2007
*Actividade do Capital de Risco em Portugal e na Europa 2008*, APCRI, 2009

ALEXANDRE, Vera Lúcia Geraldes, *Evolução da Indústria de Capital de Risco em Portugal*,
 Lisboa, ISCTE – Instituto Universitário de Lisboa, 2009
*Avaliação do Impacto Económico do Capital de Risco*, APCRI, 1998
*Avaliação do Impacto Económico do Capital de Risco*, APCRI, 1999
*Avaliação do Impacto Económico do Capital de Risco*, APCRI, 2000
*Benchmarking European Tax and Legal Environments*, EVCA, 2008
BROOKE, Peter A. and Penrice, Daniel, *A Vision for Venture Capital: Realizing the Promise of
 Global Venture Capital and Private Equity*, New Ventures, 2009
*Capital de Risco – 20 Casos de Sucesso*, APCRI, 1999
CASELLI, Stefano, *Private Equity and Venture Capital in Europe: Markets, Techniques and Deals*,
 Elsevier, 2010
CUMMING, Douglas J. and Johan, Sofia A., *Venture Capital and Private Equity Contracting: An
 International Perspective*, Academic Press, 2009
DUARTE, Pedro, *Capital de Risco – Análise da Indústria em Portugal*, Lisboa, ISCTE, 2006

*Employment contribution of Private Equity and Venture Capital in Europe – Research Paper*, EVCA, 2005

*Estatísticas APCRI*, 1989

*Estatísticas APCRI*, 1990

*Estatísticas APCRI*, 1991

*Estatísticas APCRI*, 1992

*Estatísticas APCRI*, 1993

*Estatísticas APCRI*, 1994

*Estudo para Avaliação do Impacto Económico do Capital de Risco*, APCRI, 2009

FRASER-SAMPSON, Guy, *Private Equity as an Asset Class*, The Wiley Finance Series, Wiley, 2010

*Fulfilling the Promise of Venture-backed High Potential Companies*, EVCA High Tech Committee Paper, 2005

GLADSTONE, David e GLADSTONE, Laura, *Venture Capital Investing: The Complete Handbook for Investing in Private Businesses for Outstanding*, FT Press, 2003

*Global Scenarios for Private Equity and Venture Capital*, EVCA Special Paper, 2008

*Guia do Investidor*, Aicep Portugal Global, s/d

*Guia Prático do Capital de Risco*, IAPMEI – APCRI, 2006

*International Private Equity and Venture Capital Valuation Guidelines*, EVCA 2006

LAFFER, Arthur B; HASS, William J.; E PRYOR, Shepherd G, *The Private Equity Edge: How Private Equity Players and the World's Top Companies Build Value and Wealth*, McGraw--Hill, 2009

LERNER, Josh; HARDYMON, Felda; e LEAMON, Ann, *Venture Capital and Private Equity: A Casebook*, Wiley, 2000

——, *Venture Capital, Private Equity and the Financing of Entrepreneurship*, Wiley, 2012

LEVIN, Jack S., *Structuring Venture Capital, Private Equity and Entrepreneurial Transactions*, Aspen Publishers, 2006

MARS-PROIETTI, Laura (org.), *Directory of Venture Capital and Private Equity Firms*, Grey House Publishing, 2010

MORGAN, Jamie, *Private Equity Finance: Rise and Repercussions*, Palgrave Macmillan, 2009

NEVES, João Carvalho, *Caso A Ibersol*, Carvalho das Neves – Consultoria e Investimentos, s/d

*Observatório Nacional de Capital de Risco*, Barómetro APCRI, 2001

*Private Equity and Venture Capital in the European Economy – An Industry Response to European Parliament and the European Commission*, EVCA, 2009

*Relatório Anual da Actividade de Capital de Risco*, CMVM, 2009

*Relatório Anual da Actividade de Capital de Risco*, CMVM, 2010

*Relatório e Contas 2011*, APCRI, 2012

*Report of Expert Group on removing tax obstacles to cross-border Venture Capital Investments*, European Commission, 2010

SIDDIQUI, Taufeeque Ahmad, *Pattern and Trends in Venture Capital/Private Equity*, VDM Verlag Dr. Müller, 2011

*Survey of the Economic and Social Impact of Management Buyouts & Buyins in Europe*, EVCA, 2001

*Survey of the Economic and Social Impact of Venture Capital in Europe – Research Paper*, EVCA, 2002

*Thomson Financial Investment Benchmarks 2005 Portugal,* Thomson Financial, 2006

*Thomson Financial Investment Benchmarks 2006 Portugal,* Thomson Financial, 2007

*Understanding Legal Trends in the Private Equity and Venture Capital Market: Leading Lawyers on Navigating the Current Economy, Managing Risks and Understanding Changing SEC Regulations,* Thomson Reuters Westlaw; Aspatore, 2012

*Why and How to Invest in European Private Equity and Venture Capital,* EVCA Special Paper 2009

YATES, Geoff e HINCHLIFFE, Mike, *A Practical Guide to Private Equity Transactions,* Cambridge University Press, 2010

# ÍNDICE

O CAPITAL DE RISCO NA EUROPA     5
*Dörte Höppner*

INTRODUÇÃO – BREVE HISTÓRIA DO CAPITAL DE RISCO     9

CAPÍTULO 1 – PORQUÊ O CAPITAL DE RISCO?     13
O capital de risco como parte da solução para a crise económica e financeira     13
*Private equity* e capital de risco     14
Segmentos do capital de risco     17
Sociedades e fundos de capital de risco     22
Investidores     25

CAPÍTULO 2 – RISCOS E OPORTUNIDADES     29
Financiamento vocacionado para PME     29
Ameaças     30
Pontos fortes     31
Pontos fracos     32
Papel do Estado     32
COTEC Portugal – Projecto privado de apoio à inovação     34
Instituto Pedro Nunes cria incubadora de empresas     36
Biocant Ventures vocacionada para as Ciências da Vida     37
Aitec pioneira nas Tecnologias da Informação     38

CAPÍTULO 3 – EVOLUÇÃO ESTATÍSTICA EM PORTUGAL E NA EUROPA
    NOS ÚLTIMOS 20 ANOS     41
Contributo do capital de risco para o desenvolvimento da economia
    portuguesa     41

CAPITAL DE RISCO

| | |
|---|---|
| Desinvestimento nos anos 90 | 42 |
| Investimento na década de 2000 | 45 |
| Crise financeira internacional | 55 |
| Estratégias de financiamento | 67 |
| | |
| Capítulo 4 – PERFORMANCE | 79 |
| Evolução do capital de risco na Europa | 79 |
| Rentabilidade do investimento | 82 |
| | |
| Capítulo 5 – ENQUADRAMENTO LEGAL E FISCAL | 91 |
| Criar as condições para atrair investimento em capital de risco | 91 |
| Âmbito e enquadramento dos Fundos de Capital de Risco | 99 |
| | |
| Capítulo 6 – IMPACTE ECONÓMICO DO CAPITAL DE RISCO | 103 |
| Criação de emprego, crescimento e inovação | 103 |
| *Case studies* | 105 |
| | |
| Capítulo 7 – FUTURO E TENDÊNCIAS DO CAPITAL DE RISCO | 115 |
| Crise financeira gera oportunidades de investimento | 115 |
| Grandes tendências | 119 |
| | |
| Uma indústria que veio para ficar | 125 |
| *Javier Echarri* | |
| | |
| Filantropia de Risco e Capital Privado: um encontro de ideias | 129 |
| *Serge Raicher* | |
| | |
| BIBLIOGRAFIA | 133 |